継体天皇の実像

白崎 昭一郎 著

雄山閣

継体天皇の実像　**目　次**

序　章　今なぜ「継体天皇」か……3
第一章　三人の建国者……15
第二章　継体の父系……22
第三章　継体の母系……30
第四章　継体進出の背景……41
第五章　九人の妃……49
第六章　あいつぐ遷都……56
第七章　継体朝の年代錯誤……64
第八章　朝鮮半島との関係……69
第九章　継体の親百済政策……77

第十章　近江毛野の登用……83
第十一章　磐井の乱……88
第十二章　辛亥の変……94
第十三章　継体の人物論……101
第十四章　今城塚古墳……107
第十五章　安閑・宣化・欽明の治世……111
第十六章　万世一系とは……118
第十七章　天皇制の現在と将来……126
終　章　愛国心について……137
あとがき……149

序　章　今なぜ「継体天皇」か

継体天皇は『日本書紀』に、第二十六代の天皇と記されている。西暦五〇七年即位となっているから、二〇〇七年はちょうど千五百年後にあたる。細かい数字まで確かとは言えないが、大体六世紀前半、古墳時代後期頃の人物である。

戦前には、日本の天皇は万世一系と謳われていた。戦後はそう見ない人も多くなり、水野祐氏(1)の三王朝交代説なども現われてきた。細部に問題はあるにしても、大筋は従ってよい説であろう。第一王朝は崇神天皇を始祖として約五代、三輪山の周辺に宮居を構えたから、三輪王朝ともいわれる。第二は応神天皇を初代として約十代、その墳墓は多く河内に見られるので、河内王朝とも呼ばれる。継体天皇を初世とするのが継体王朝で、継体から始まる血統は現代にまで及ぶ。その間、断裂や混交など疑わしい事例はない。「一系」といえるのはこの王朝だけであるが、それにしても千五百年とはよく続いたもので、大きな事績といえよう。

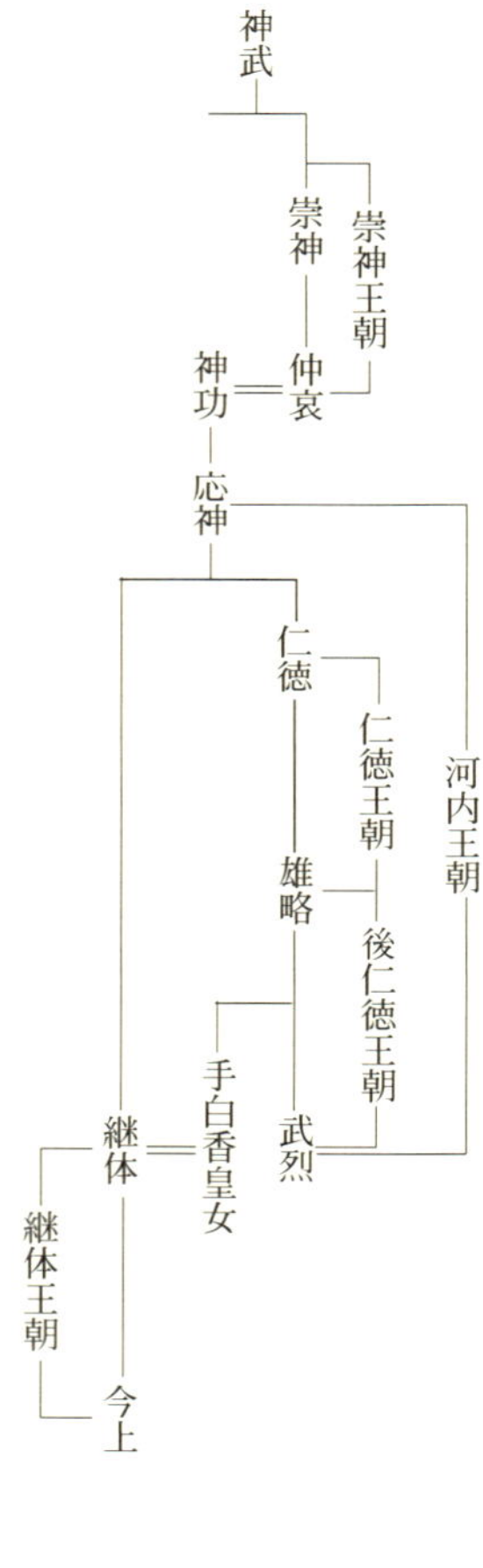

図1　水野祐氏三王朝説略図

もっとも「天皇」という称号は、天武天皇から始まるとする学説が有力で、それ以前は大王《おおきみ》と呼ばれた。さらに「継体」という名称も、漢風諡号《しごう》という死後の贈り名で、奈良時代以後から用いられた。したがって継体天皇が生前にそう呼ばれた可能性はない。おそらく、その実名である男大迹《おおと》に大王をつけて、男大迹大王と呼ばれていたと思われるが、余りに耳慣れない称号であるので、本書では一貫して継体天皇と呼び、時には歴史上の人物として、継体と略することもお認め頂きたい。

この継体天皇は、歴代の天皇にないきわだった特色をもっている。それなればこそ継体王朝の始祖ともいわれるのであろうが——。

第一に継体天皇は、『古事記』では近江の出身、『日本書紀』では越前の出身と書かれている。もっとも『日本書紀』も継体の生地を近江としているが、父が早く亡くなったために、母はまだ幼い継体を連れて郷里である越前に帰ったと述べ、少年期以後の継体は越前で育ったとしている。この両説の差違については、あとで詳しく論じなければならないであろうが、大体二、三十年前までは近江説が有力であったが、現在は越前説の方が優勢のように思われる。いずれにしても、畿内（大和、河内、和泉、摂津、山城の五ヵ国）の出身ではない。地方育ちの天皇は、伝説的始祖である神武天皇を除いては他に一人もいないのである。

第二に彼は、その直前の天皇（武烈天皇）と血縁関係を持っていない。のみならず『日本書紀』は、武烈の悪虐ぶりを、その残酷さを示す数々の逸話とともに、物々しく書き立てている。中国の史書ならいざ知らず、日本の史書ではこうした例は他にお目にかかることはない。

第三に継体は、『日本書紀』『古事記』ともに応神天皇五代の孫（応神天皇の次から数えて五人目の子孫）と記しているが、その中間の祖先の名前は両書に記載されていない。こうした例は継体以外百二十五人の天皇の中に皆無である。ただし別に『上宮記一云』という古書があって、それによりこの五人の名前を知ることはできる。この書は大体推古天皇の頃の遺文とされているが、それにしても継体天皇より二世代ほど後の書物であり、その内容に全面的な信頼を寄せることはむずかしい。（「一云」というのは、「上宮記の中に引用してある一書」という

意味で、『上宮記』そのものではない。しかし本書では、そうした意味を理解していただいた上で、今後は単に『上宮記』と記す)

第四に、『古事記』に次のような謎めいた一文がある。

「天皇(武烈)すでに崩《かむさ》りまして、日続《ひつぎ》知らすべき王《みこ》なかりき。故《かれ》、品太天皇《ほむたのすめらみこと》の五世の孫、袁本杼命《おおどのみこと》(男大迹王)を近つ淡海の国より上りまさしめて、手白髪命《たしらかのみこと》(手白香皇女)に合はせて、天の下を授け奉《まつ》りき」(引用は岩波文庫本『古事記』による。なお引用文においてもルビは新カナを用いる。以下も同様)

天皇の後裔がいなくなったので、継体を近江の国から迎えたというのであるが、「故《かれ》」以下の文章には主語が欠けている。袁本杼命を近江から上京させ、手白髪命と結婚させ、天下を授け奉った主体は誰なのか。当時の朝廷の実力者である大伴金村以下の重臣たちを考えるほかに途はないように思われる。

この手白髪命(手白香皇女)は前代の仁賢天皇の娘である。この女性と結婚することが、袁本杼命(男大迹王)の即位の条件となっているように読める。そうでなければ、継体天皇の即位は成立しないというニュアンスが読み取れる。

近頃、今上天皇に男性の皇孫がないことを理由として、皇室典範の改正が図られた。女性・女系の天皇を容認する方向で議論がまとまりそうに見えたが、秋篠宮紀子妃のご懐妊により決定は見送られた。保守派の論客たちが、「女系の天皇は日本の歴史に例がないから、絶対に認められない」と、声高に叫び始めたからである。

はたして日本の歴史に女系の天皇はいなかったのであろうか。これらの人々の歴史の読み方は浅いように思われる。継体天皇と手白香皇女の間に生まれた欽明天皇こそ、女系天皇の第一号ではなかったか。

継体天皇の系譜は、先に述べたように『上宮記』の記載を全面的に認めるとしても、応神天皇五代の孫である。現代の概念をもってすれば、皇族の列に繋がるかどうか疑わしいほどの遠い親戚に過ぎない。当時の人々にとっても、深い疑念を持ち、即位に反対する声は少なくなかった。さればこそ一つの妥協案として、前王朝の仁賢天皇の娘との結婚が提示されたのであろう。そしてこれによって前の河内王朝の血液と遺伝子が後世に伝えられることになったのである。

継体は越前を出て、まず河内樟葉《くすは》宮に拠った。ここは現在の枚方《ひらかた》市で、木津川・桂川・宇治川の三川が合流して淀川となる地峡の要衝である。次いで山城筒城《つつき》宮に遷都した。ここは現在京田辺市に属し、奈良まであと一歩に迫っている。然るにその後、山城弟国《おとくに》宮に移った。

ここは現在長岡京市で、大和に対しては筒城より約三十キロも後退している。これは継体の支持勢力と反対勢力がほぼ拮抗し、時により両者が一進一退の状況であったことを示しているのではなかろうか。

このように両派の勢力が相対して、早期の決着が付けにくい状況にあったことは、どちらも圧倒的な優勢を示す力を持っていなかったことを意味している。世には継体の大和入りが遅れたことを、継体が必ずしも大和入りを欲していなかったためと考える人もいる。そんなことはない。継体は確かに大和入りを急いでいた。樟葉から筒城へ進撃したときの勢いがそれを示している。それが急に停滞し、さらに後退を余儀なくされたことは、反対勢力の意外な手強《てごわ》さを語っていると言えよう。

しかし反対側も弟国宮に籠《こも》る継体の勢力を一掃することはできなかった。そこで大和側から妥協案が提示された。継体側もそれを受け入れ、継体王朝が成立したのである。

このような経過を顧みるとき、継体が越前から平和的に迎え入れられて、スムースに皇位に即《つ》いたという説には従いにくいように思われる。

第五の問題点として、継体の后妃に地方出身者が多い点が挙げられる。『古事記』には七人、『日本書紀』には九人の后妃の名が挙がっているが、尾張連《むらじ》草香の娘目子媛《めのこひめ》を筆頭に、越前・

近江などの豪族の娘が眼につく。確実な畿内の出身者としては、手白香皇后のほか、茨田連《まんだのむらじ》小望《おもち》の娘と和珥臣河内《わにのおみこうち》の娘があるのみである。このようなことは、歴代の他の天皇に全く見られないところである。このほか父方・母方の縁戚に、美濃・加賀・能登などの豪族の名も見出される。継体はこれら縁戚の力をバックとして、大和に対し東・北からの包囲網を形成した。それは相手を倒す圧倒的な威力を持っていたわけではなかったが、妥協を促すためには十分な力であった。

第六の特徴としては、彼の治世に朝鮮半島からの影響が濃厚に見られる点がある。彼が地盤とした越前や近江からは、朝鮮伝来の文物や、その影響を受けた遺物が多く出土している。例えば福井市の天神山七号墳から出土した金製の耳飾りは朝鮮半島南部の製作と見られ、福井県永平寺町の二本松山古墳から見出された金メッキの冠が韓国高霊の池山洞三二号墳出土の冠と酷似しているなどの例が挙げられる。また即位してからも、朝鮮半島との交渉が頻繁であった。ことに百済に対しては、親百済政策を取り続け、そのため百済から五経博士が渡来したり、やがて仏教が導入されるなど、わが国の文化の向上に大いに貢献するところがあった。しかし継体の地盤は地理的関係で新羅の影響も多く蒙っており、継体の朝廷の中には、継体の長子・勾大兄《まがりのおおえ》皇子（のちの安閑天皇）をはじめ、親新羅の政策をとる一派も存続した。

これが継体朝の政治や外交にやや不安定な要素をもたらした。

継体の治世の末年に、九州の豪族・筑紫君磐井《つくしのきみいわい》の反乱があった。この乱の性質はなかなか解明しにくいが、磐井が新羅と通交していたとの噂もあり、ここにも朝鮮半島からの影響が窺われる。

継体勢力と筑紫勢力は激しい戦闘を交えたが、継体の墳墓といわれる今城塚古墳から、阿蘇凝灰岩の石棺が出土した。また継体の部将・近江毛野と磐井とが若い頃友達であったとの磐井の言葉もあり、元来は同盟関係にあったとも考えられる。継体の即位前の地位について何らかの示唆を投げかける。

第七の特色としては、彼の墓としてほぼ確実な今城塚《いましろづか》古墳が、多くの大王の墳墓がある河内・大和から遠く離れて、摂津の高槻市にあることである。おそらく妃の一人関媛の父、茨《まん》田連《だのむらじ》の縁故によるものと考えられる。樟葉・筒城・弟国の三都邑とも近い。これは歴代天皇の傾向と全く異なるもので、淀川中流域の地が彼の重要な勢力基盤の一つであったことを語っている。

今城塚からさして遠からぬ四条畷《しじょうなわて》市のあたりは、継体の若い頃からの馴染みであった河内《かわちの》馬飼首《うまかいのおぶと》の地盤である。この氏族はその名の示す如く牧馬を職としたもので、馬は兵を動かす際の大事な機動力である。茨田連や河内馬飼首のような中級豪族と若年時からつき合いを持っていたことは、彼の並々ならぬ野望を示すものであろう。

第八の特徴として、継体の性格の問題がある。彼は少年の頃、父を失い、母の連れ子として母の実家に身を寄せた。当然ながら自由奔放に振るまえるような境遇ではなかった。そこで成長する間に、辛抱しながら人に気を使う家康型の性格を身につけた。天下の主となってからも、雄略天皇のように独裁的権力を揮《ふる》う立場にはなかった。前代以来の重臣として、大伴・物部・巨勢《こせ》・蘇我などの中央豪族が威権を揮っていた。継体は私心を抑え、多くの場合朝臣に諮問《しもん》して事を行なっていった。外からはいった天皇として、時に群臣の掣肘《せいちゅう》に苦しんだこともあったが、彼はそれを表に現わすことなく、じっと堪えた。こうした独断を避ける方式が、いつしか彼の政庁の常態となっていった。そしてそれが、天皇制の長所として定着していった。天皇が独裁君主であるとき、その君主が名君であれば巧くいく場合もあるが、それが暗君であるときは、足許に墓穴を掘る事態にもなりかねない。長い年月の間には、暗君のみならず非道の君主が出てくる可能性も否定しえず、「君臨すれども統治せず」といった方式が、君主制を長持ちさせる最良の途なのである。継体がじっくりと創った天皇制の原型こそ、それを永続せしめた秘訣だったのである。後醍醐天皇の如く、なまじ自らの才能を発揮しようとした君主が現われた時こそ、世の中が乱れ、天皇制の危機が訪れた時期だった。また明治天皇とその政府は、「大日本帝国は万世一系の天皇これを統治す」と公言して憚からなかった。これはそれまでの天皇の本質と全く異なるもので、明治維新によって、天皇制の性格は根本的に変質したと称しても過言ではない。その結果、太平洋戦争で大敗を喫し、天皇制は破滅の寸前まで追いつめられたのである。

第九の特異性として、継体の死後に内乱が想定されている点が挙げられよう。継体朝の内部に、親百済派と親新羅派があったことはすでに述べたが、さらに重要な視点として、中央豪族派と地方豪族派の対立が挙げられよう。

継体の親族は前述のように、越前・加賀・能登・近江・美濃・尾張などに分布しており、大和にはほとんど頼るべき拠点はなかった。この点も異色であるが、妥協の産物として生まれた継体朝において、その確執の余波がまだ十分納まらないうちに、継体は死を迎えなければならなかった。尾張連草香の娘目子媛の所生、安閑・宣化の両帝が相次いで皇位を嗣いだが、いずれも短命であった。そこで大和系豪族の支援を受けた欽明天皇が、よく継体の遺業を受け継ぎ、四十一年の長い治世の間に、屯倉《みやけ》などで天皇制の財政的基礎を固め、その第一次開花期を迎えた。継体の据えた礎《いしずえ》は、一層強固なものとなったのである。ただし地方豪族の没落は、平安時代における極端な地方蔑視《べっし》を生み、永く日本政治の痼疾《こしつ》として残っていった。

以上九つの特異性を持つ継体天皇とはかくの如き人であった。たしかに百余人の天皇のうち、もっとも異色ある一人であった。徳川家康は二百七十年の安定した徳川幕府を創ったが、継体天皇は千五百年の天皇制の土台を据えた。それは特筆大書すべき偉業であり、日本歴史の上で屈指の英傑の一人と賞賛するに十分なのではなかろうか。

しからば継体天皇の生きたのは、どういう時代であったのか、もう一度顧みたいと思う。それは古墳時代の後期であり、やがて爆発的な群集墳の増加が現われる寸前であった。あと少しで前方後円墳の消滅が訪れ、次いで古墳時代そのものが終焉を迎えようとする時代であった。つまり時代の転換点にさしかかろうとしていたのである。

一方、文化史的に見れば、百済から五経博士の来日があり、新しい哲学と科学が伝えられた時であった。仏教の公式伝来も間近に迫っており、すでに司馬達等《しばたつと》が庵を結んで仏教を説いたのは、継体朝のうちであったとも言われる。その司馬達等の孫止利《とり》が日本最初の仏像を造り、蘇我氏と物部氏との間に仏教をめぐる宗教戦争が行なわれたのは、継体没後五、六十年後のことであった。すなわち時勢は急激に移りつつあり、八百万《やおよろず》の神のもとに安住しておられた時代は急速に失われようとしていた。「篤く三宝（仏教）を敬え」と説いた聖徳太子は継体の曾孫であるが、もはや天皇制すら、仏教のイデオロギーに頼らなければならない時世になったのである。

こうした急激な時勢の変化が、継体新王朝の影響によったものかどうかはよく判らない。しかし時勢が人物を作ると同時に、人物が時勢を作ることもある。あたかもペルリ来航後の幕末の如き、急激な時勢の推移が、継体新王朝下に起こったことを、私は日本のために悦ぶものである。もしこれが雄略天皇のような時代に起きたとしたら、その混乱は一層甚だしいものになったであろう。

私が四十代の早い時期に書いた『継体天皇の研究』(2)という本は私の処女作で、まだ未熟な作品であったが、当時福井県のベストセラーズの一つとなった。その後『越前若狭の古代史』(3)や、『福井県史　原始古代編』(4)『福井市史　古代中世編』(5)において、継体天皇とその前後を、私が担当執筆した。その間、考古学の進展や、古文献の読みの深まりに扶けられて、継体の人間像も次第に眼前に浮かび出るようになってきた。二〇〇七年の即位千五百年記念の歳を迎えて、私も心機を新たにして継体天皇の実像に迫りたいと考えている。それとともに、皇室典範改正問題と関連して、国民の多数の方々に、天皇制とは何であるかについて、今一度真摯に考えて頂きたいものと、切実に願っている。

第一章　三人の建国者

継体天皇は六世紀前半の人であったから、日本の王朝の初代とはまず考えられない。『日本書紀』が継体を第二十六代の天皇としていることも、継体の前に天皇が数多く存在していたことを示唆している。それらの人々の名も事績もある程度記録されている。しかしその人々がたしかに実在していたと確信することは、必ずしもできない。彼らの実在性はかなり疑わしいのである。

日本という国がいつ始まったかということは、中国の史書がきちんと記録していてくれた。だが、そもそも国が始まるとはどういうことなのか。私は何十年も税金というものを納めてきたから、それは直ぐに判る。税金を取るシステムができた時が国の初めなのだ。

中国の史書が「租賦《そふ》を収む」と記しているところはどこか。それは「邪馬台国」の起源を述べているのと同じ所である。だから邪馬台国が始まった時が、日本という国が始まった時なのだ。(6)

考えてもみるがよい。税金を取ろうと考えたとしても、一人や二人の役人で取れるものではない。莫大な官僚組織が必要である。一人ひとりの税額を計算する役、それが誤りないか確かめる役、実際にそれを徴収する役、収めないものを牢屋に収束する役、集まった税金（昔は大抵主食で取った）を保存するための巨大な倉庫も必要であろうし、それを盗まれないようにするために警察が必要であろうし、あるいは軍隊も必要になってくるかもしれない。どうしてそんな厄介なものを考えだしたのか、私なら気が遠くなってくるくらいである。

「魏志倭人伝」のその部分を引用してみる（書き下し文、筆者）。

「其の国、本亦男子を以て王と為し、住《とど》まること七、八十年、倭国乱れ、相攻伐すること歴年、乃ち共に一女子を立てて王と為す。名づけて卑弥呼と曰《い》う。鬼道に事《つか》え能く衆を惑わす。年已《すで》に長大なるも、夫婿《ふせい》なく、男弟有り、佐《たす》けて国を治む。王と為りしより以来、見る有る者少なく、婢千人を以て自ら侍せしむ。唯男子一人有り、飲食を給し、辞を伝え居処に出入す。宮室・楼観・城柵、厳かに設け、常に人有り、兵を持して守衛す」

これが、倭人伝にただ一カ所出てくる邪馬台国成立の場面である。初めの「其の国」とはまず倭国のことであろう。初め男子を王としていたが、大いに国が乱れたので、卑弥呼という一女子を共立して王としたとある。「共立」とは高句麗や扶余《ふよ》に前例があって、国中の有力者が集まって相談をし、一人の王を立てることだという。

弥生時代の中期に至るまで、日本の中心は九州北部にあった。このことは九州北部の数々の遺跡群からの高度の遺物の出土によって、ほとんど異論のないところである。しかし時代の下るにつれて、出雲や吉備や丹後や大和などにも、有力な拠点が出現するようになってきた。そして長い戦乱の日が続き、遂に卑弥呼を中心として邪馬台国が成立したのである。

写真１　佐賀県菜畑遺跡（日本最古の稲作遺跡）

邪馬台国が成立した時代はすでに奴隷も存在しているし、厳密な階級制が行なわれた時代でもあった。それはすでに古墳時代にはいっていたと私は考えている。

古墳の出現については、三世紀末から四世紀初め頃というのがかつては多数説であったが、近年は次第に遡って考えられるようになり、三世紀半ば頃と見るのが大勢であり、中には、二世紀末から三世紀初め頃を考える人さえ出てくるようになった。

写真２　岡山県楯築墳丘墓（墳丘上に巨石が累々と立っていた）

一方、邪馬台国の成立はいつか。それは中国史書がはっきりと記している。

「とどまること、七、八十年」と明記されている。後漢の安帝の頃、倭国よりの使者が中国にやってきた西紀一〇八年から数えて七、八十年との意味であろう。「桓・霊の間」という言葉もある。「後漢の霊帝、光和中」を用いた史書もあり、光和は西暦一七八年から一八三年であるが、その他の語句もみなほぼ同じ時期（二世紀末）を指している。

それは大体岡山県に楯築《たてつき》なる巨大墳墓が造られた頃でもあり、やがて吉備や大和に吉備型の特殊器台や特殊壺をもって飾られた最古型の前方後円墳が出現しようとする時代でもあった[7]。それはまさに邪馬台国時代の開幕でもあったが、考古学的になんらの断絶をも見せることなしに、初期ヤマト王権時代に移行しようとする時代でもあった。

ちょうどその頃、カムヤマトイワレヒコと名乗る青年が、九州から旅立ち瀬戸内海を西に航しつつあった。彼は吉備の国のあたりで八年の休養を取った後、難波に上陸、近畿の諸勢力と苛烈な戦闘を交えて、遂に彼らを征服して初代天皇の地位に就いたと伝えられる。彼が九州の出身であること、吉備と協調したことなどは、邪馬台国の史実と合わないこともないが、卑弥呼が平和的に共立されたのに対し、彼が武力で圧倒したところが違うし、何よりも卑弥呼が女性であるのに、彼が男性であることが、決定的に異なっている点である。

カムヤマトイワレヒコはヤマト王権の始祖として、ハツクニシラススメラミコト（初馭天下天皇）と言われたが、今一人ハツクニシラススメラミコト（御肇国天皇）と呼ばれている天皇がいる。第十代の崇神天皇である。彼の治世には疫病が流行《はや》り、どうしたらよいか、ほとほと困ったが、大物主神、大国魂神の子孫を探し出して、彼らにその神々を祭らせたところ、世の中は大いに治まったという。またその叔母ヤマトトトヒモモソヒメは、よく神がかって未来を知ることができたという。崇神は四道将軍を派遣して領域の拡大にも努めたというが、どうみても武の人とは言えず、宗教的君主の色彩が強い。おそらくは邪馬台国との中継ぎ役を務《つと》めた人ではなかったであろうか。

邪馬台国とヤマト王権との間には、これだけ数々の考古学的調査が行なわれているにも拘わらず、断絶の証拠が見あたらないところを見ると、革命的な変化はなかったのであろう。平和的に移行したのではないかと思われる。

ヤマト王権の実力者としては、第十五代の応神天皇もいる。この人はしかし母の神功皇后の方が有名で、彼自身の影は薄い。神功は応神を胎内に入れたまま、新羅遠征を成功させ、帰還後、夫仲哀天皇の遺子であるオシクマ・カゴサカの二子を討ち滅ぼしたといわれる。応神自身はおそらく仲哀の子ではあるまい。しかし広開土王碑文に見られる南朝鮮における広開土王との角逐《かくちく》は、応神自身の力量に拠《よ》る処が大であったろう。後世、海外に地歩を確保した武神として、また全国に拡がる八幡宮の祭神として、応神を讃美する声はかなり高かった。やはりヤマト王権の三番目の創業者として応神を推す人々もあったのである。

応神は、朝鮮半島から多くの渡来人が日本に渡って来るようになった最初の王朝の創始者とも伝えられる。(8)(9)(10) それから考えると彼は、朝鮮に戦争を仕掛けた人物とは考えにくい。渡来してきた人々の生活の安定についても考えなければならなかったであろうから、おそらくは商業とか、工業とかの分野において、日朝の協調を考えた人物ではなかったか。応神は、継体が自己の五代の祖と称した人物であるだけに、そうしたことも視野にいれてもよいことであろう。しかし応神の生涯の大半はいまなお深い霧の中にある。

かくの如く、神武・崇神・応神三者の人物像を検討していくとき、これこそ日本建国の英雄として安定した人物には、一人も行き当たらないように見える。全くの架空の人物として捨象するほどではないにしても、一王朝の始祖として、確固不抜の人間像を描きうる人には巡り会わないのである。少なくとも継体以外の二十五人の天皇の中にそれは求められそうにもない。二世紀末から五世紀まで約三〇〇年の間に、『日本書紀』と『古事記』が描いた人間像の中に、日本武尊と継体天皇を除いて、魅力的な人間は見出し得ないのである。一人は全く悲劇的な創作上の人物として、いま一人は現実の中に登場せしめても、全く狼狽も動揺もしないほどの現実的な政治家として、歴史の面白味を見せてくれるに違いないと思われるのである。

第二章　継体の父系

継体の史料として興味深いのは、『上宮記』という一書である。推古期遺文の文体に近く、おそらく継体より二、三世代後の人が、聖徳太子の家系に関して何か書き残そうとした文章の一節なのであろう（聖徳太子は継体の曾孫にあたる）。継体の父方・母方の祖先、継体の幼児期の物語が語られている。こうした史料が後世に伝えられるようになった天皇などは、古代にきわめて稀である。それだけ幸運の人だったたか、それとも他に何か別の事情があったのか。『日本書紀』は『上宮記』から材料を採ってその文章を書いたが、『古事記』は『上宮記』の存在を知ってか知らずにか、『上宮記』に対して風馬牛であった。そのためか「継体記」はあまり面白くない。その代わりきわめて重大なことが書かれている。

『日本書紀』に拠れば、継体の父彦主人王《ひこうし》が、近江の高島郡三尾の別業《べつごう》にあった時、越《こし》の三国の坂名井《さかない》の振媛《ふりひめ》という女性がはなはだ容色にすぐれていることを聞き、使いを遣わして高島に妃として迎え入れ、後に継体天皇となる男大迹《おおと》王を儲けたと伝えられる。

『上宮記』は、継体の父系、継体の母系を対称的に描いている。父系のトップは「凡牟都和希」という人物である。これは一般的に「ホムタワケ」と読み、応神大王を指し、継体がその父系の始祖として強く推している人物と考えられる。

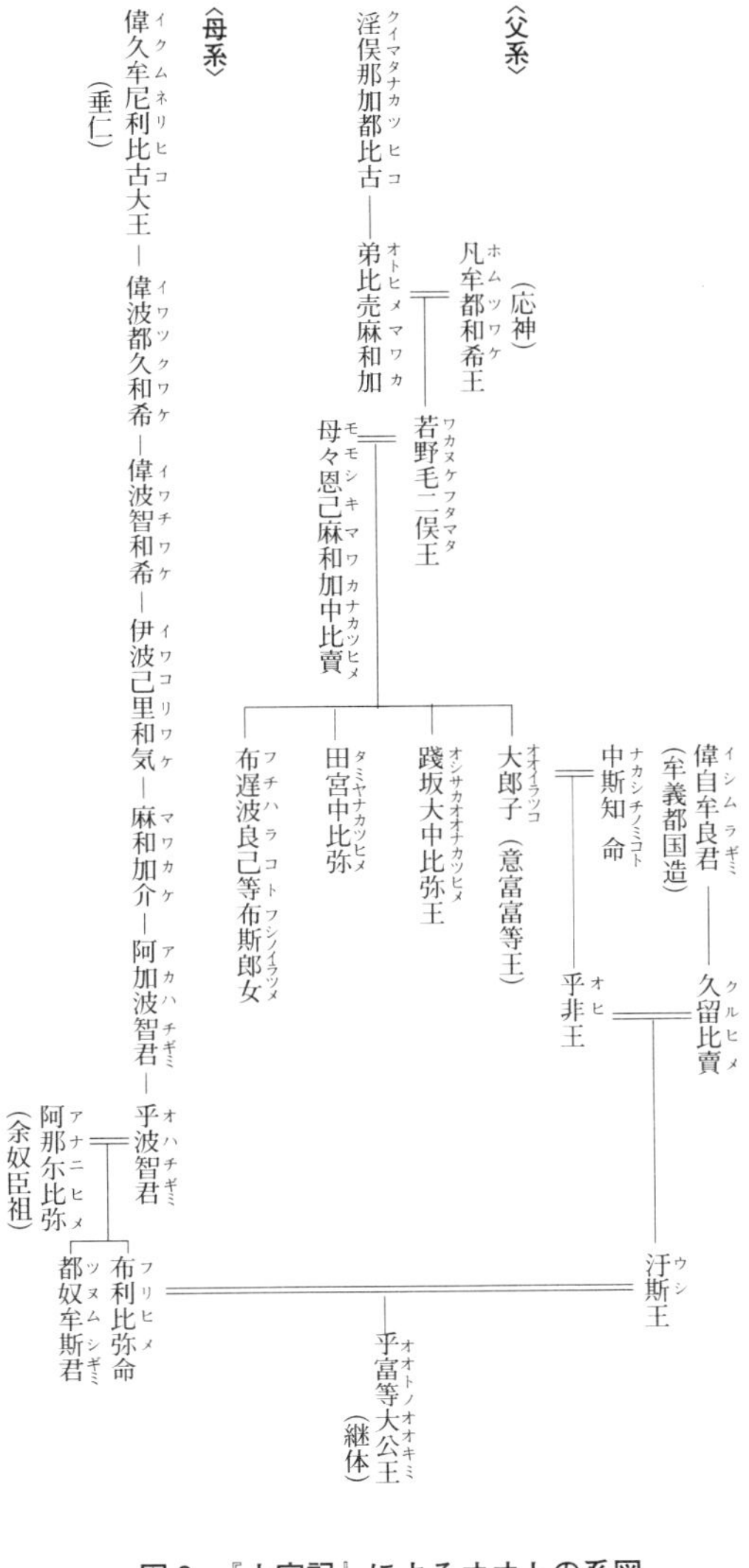

図2　『上宮記』によるオオトの系図

もっともその三字目の「都」は「つ」としか読めないとの強い主張があり、垂仁皇子の「ホムツワケ」でなければならぬとの説もある。たしかにこの文に出てくる他の二字の「都」という文字は「つ」と読まれている。しかしここは「ホムタワケ」と読まねばならぬところである。何故か（一つの発音に二つの文字を当てているところは、この文の中に他にもある）。

この文で、継体の父系の方は応神の五代、母系の方は垂仁の七代の子孫となっている。垂仁と応神とは四代差があるから、母系の方が二代短いことになり、大変不自然なことで、史料提供者の側としては、かなり気にせねばならないところである。それをもし「ホムツワケ」としたら、どういうことになるか。一般に唖の皇子として知られるホムツワケは、ほとんど無名に近い人物である。あまり有難みのない、無意味な伝承となる。また垂仁の息子から五代とすれば、垂仁から六代ということで、同じ人物から父系で六代、母系で七代となることも、かなり不自然でもある。ここは応神王朝の始祖である「ホムタワケ」であってこそ価値があるのだ。

「ホムタワケ」の息子は「ワカヌケフタマタ王」となっている。これは『記紀』にも出てくる人物で、「大郎子＝意富富等王《おおほと》」や、允恭天皇の皇后である「践坂大中比弥王《おしさかおおなかつひめ》」の父親にもなっている。読者もこの辺まで来れば、もはや疑念を差し挟まない。そのあと「乎非王」「汙斯王」の二代の後に「乎富等大公主」が出てきても、読者は疑いを容れることなく継体に到達してしまうのだ。

それと同時に読者は、これが『古事記』に出てくる息長《おきなが》氏の系図とほとんどそっくりであることに気づくのである。そして允恭天皇の皇后になる前の践坂大中比弥がその妹とともに近江の坂田にいたことを思い出す。それによって、息長氏が近江の豪族であり、允恭天皇の皇后まで出した名家であることにも合点するのである。

その上で継体の略伝を読む読者は、継体の父汙斯《うし》王が、継体のまだ若年の頃、没したことを知り、同情を催すであろう。この時母の振媛はこう言ったという。

「このように親戚もいない異郷で夫に先立たれ、どうして幼子を一人で育てていけようか。私の母親のアナニヒメ（三国命）(11)のおいでになる高向《たかむこ》の里に帰って幼子を育てたい」

こうして振媛は「子連れの出戻り」となって、実家で子供の養育に携わったという。

ここで不審なのは、『紀』には「近江国高島郡三尾の別業」とあり、『上宮記』には「弥乎《みお》国高島宮」と記され、「三尾」という地名がある以上、ここに三尾の一族がいたであろうと思われるのに、振姫が一顧すら払うことなく、一散に高向に帰ってしまったことである。思うに、この「三尾」の地名は継体の幼児の頃のものではなく、後年、成人した継体を通じて、

写真３　鴨稲荷山古墳（滋賀県高島市）

息長・三尾の両氏の提携が十分進んで、三尾氏が高島郡に移って来てから付いた名称なのではないかと考えられる。

ここで「別業」と記されているのは何であろうか。辞書によれば「別荘」の意味が挙げられているが、そうした近代的な意味でないことはいうまでもない。それより「何らかの仕事をする処」の意味が強いという。もちろん本宅あっての別業であろうが、その本宅の所在地はどこにも記されてはいないのである。

もとより滋賀県湖北地方には、息長《おきなが》という古地名もあり、坂田古墳群、息長古墳群という古墳の集団もあるので、その地域が息長氏の本拠地と考えられてきた。それは別業のあった高島郡と琵琶湖をへだてたちょうど対岸にあたる。

高島には有名な鴨稲荷山古墳[12]がある。発掘時には、彦主人王《ひこうし》の死（五世紀末頃か）とほぼ同時代といわれたものだが、近頃は推定年代が下がり、六世紀はじめ頃に考えられることが多い。金銅製冠、金銅製沓《くつ》、垂飾り付耳飾、金銅製魚佩《ぎょはい》など、朝鮮半島的な色彩の濃厚な副葬品が多く、武人的な匂いは薄かった。これが彦主人王その人のカラーとはいえないにしても、彼の親族なり、仲間なりに、朝鮮半島との商業に従事する人の存在を推測することは無理とはいえないであろう。[13]

さらに琵琶湖の西北岸は有名な鉄鉱業の盛地である。鉄は四世紀頃には朝鮮半島から鉄鋌《てってい》の形で輸入されていたが、六世紀になると、日本でも鉄鉱石から鉄材を取り出すようになった。五世紀はその過渡期としていろいろの形式が見られる。ヒコウシもそうした仕事に携わっていたのかも知れない。

息長氏は表面上、皇別氏族のように見えるものの、息長氏の中で最も著名なオキナガタラシヒメは、アメノヒボコの後裔と伝えられる。すなわち広い意味での渡来氏族の一つに違いない。そもそも純然たる皇別氏族ならば、初めからそう名乗るのがよいであろうに、息長氏と全く同様の系図をかかげて、表向きにはそう名乗らぬところに、その深謀遠慮が窺われる。

近江の坂田郡には、四十余基を数える古墳群が分布しており、大別すれば北の坂田古墳群と南の息長古墳群とに分かれる。したがって北の坂田酒人《さかひと》氏と南の息長氏の二系列があったと見られる。元来息長氏の本拠地は、坂田郡の天野川（息長川）流域と考えられるが、墳丘規

写真4　敦賀市気比神宮

模などから、五世紀代には、息長氏は坂田酒人氏の従属的地位にあり、六世紀に急速に勢力を延ばしてきたものと推測される。(14)

さて継体の父系の親族は、継体の姻戚にも名を現わしている。その父系から娶《めと》ったと考えられるのは、次の三氏または二氏である。

坂田大跨《おおまた》王の娘、広媛

息長真手王の娘、麻績娘子《おみのいらつめ》

根王の娘、広媛

このうち根王というのは、息長氏の一族かどうか疑わしいのであるが、その人の生んだ皇子が、兎皇子と中皇子といい、前者は酒人公の祖、後者は坂田公の祖と書かれていて、息長一族の名称らしく思われるのと、妃の名が、坂田大跨王の娘と同名で、あるいは同一人であるかも知れないと考えられるので、息長系の妃は二人または三人と記しておく。

息長氏の本拠が近江であることは問題ないと考えられるが、その影響力は近江のみに限られるものではなかった。オキナガタラシヒメならびに応神と角鹿（敦賀）との深い関係を示す説話がある。すなわち即位以前の応神が、気比大神にお参りに来て、名前の交換をする話が『記紀』ともに伝わっている。本来、気比大神の名はイササワケ、応神の名はホムタワケであるが、元々の名はその逆ではなかったかと、記紀の編者は疑っている。本来名前の交換をすることは、非常に密接な関係を示している。(2) 越前で育った継体が、この話を巧く利用しているような感じを受けないこともない。記紀ともに同じような話が伝わっている説話は実在性が高いといわれているので、この説話にも何か事実の核があるのかも知れない。継体の五代の祖と伝えられる応神は、案外気比神社の祭神と同一人物なのかも知れないのである。

第三章　継体の母系

継体の父系が近江を本拠とする豪族息長氏として、ほとんど異論を見ないのに反して、継体の母系に関してはいろいろ議論が絶えない。それが三尾氏であることは、ほぼ固まっているものの、その本拠地について議論が尽きないのである。それは継体の出身地に繋がる問題でもあるのだ。

今から三十年くらい前までは、継体を近江の出身と見る人の方が多かった。父系については問題なく近江であるし、母方の三尾氏にしても、高島郡に三尾という地名が付いているのを見れば、近江説を有力と感じてしまう。その頃越前に三尾という地名は見出されていなかったのである。

風向きが変わって来たのは、岸俊男氏[15]が『三国町史』の中で、天平五年の「山城国愛宕郡帳」に越前国坂井郡水尾郷の記載のあることを紹介されてからであった。

ついで富山県の在野の史家、米沢康氏[16]も「三尾君氏に関する一考察」の中に、『延喜式』の三尾駅も挙げて、越前説の有力なることを説かれた。これを受けて佐伯有清氏[17]は、「継体天皇即位前紀にも、また『上宮記』にも、ともに磐衝別《いわつくわけ》の六世の孫である振媛の居住地として、三国の坂中井《さかない》をあげ、また継体天皇の父汙斯王が死んでから、親族のいる高向へ帰ったことを記している。三国の坂中井は、後世の坂井郡であり、また高向は同国坂井郡高向郷の地であって、磐衝別の子孫を称するものが越前の坂井郡に居住していたことがうかがわれる」と記し、越前説に肯定的な姿勢を示された。また杉原丈夫氏[18]は、「私は多分羽咋の方が本拠地ではなかろうかと考えます。ただ大和朝廷が出来てからはですね、大和が中心ですから大和に近い方が本拠地という具合に逆解釈をするようになったんではないかと思います。三尾一族は羽咋あたりを本拠地として、加賀から越前の坂井郡、足羽郡、それから飛んで近江の高島郡というあたりにずっと勢力を張っていた。そういう一族だったと思われます」との見解を発表し

写真5　能登羽咋神社

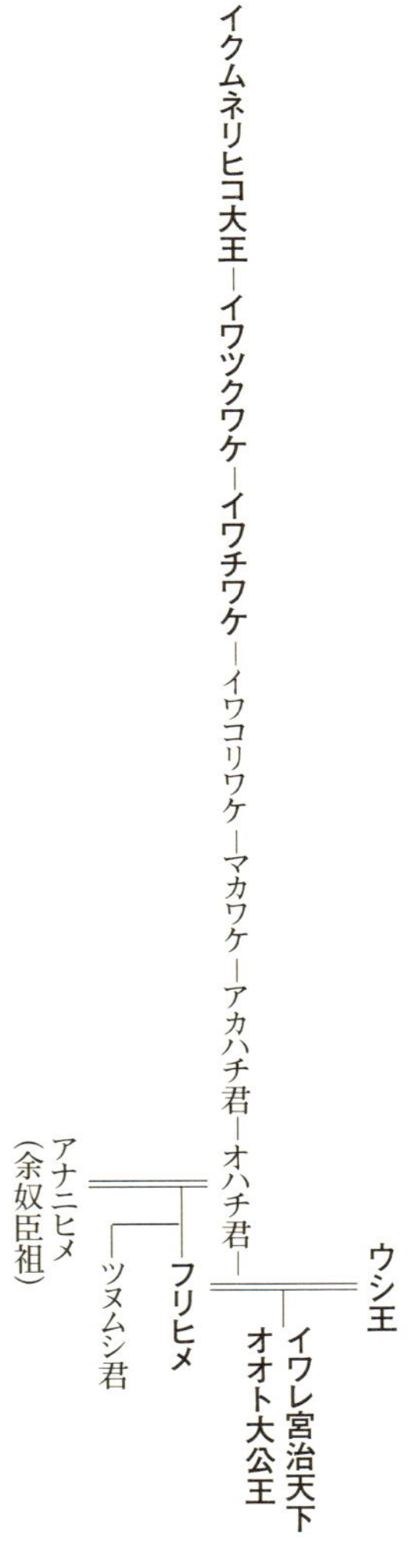

図3　継体天皇の系譜（母系）
（太字は『日本書紀』にみえる人名）

ている。

『上宮記』の史料については、母系の最初に記載された「偉久牟尼利比古大王＝イクムネリヒコ」なる人物が、垂仁天皇に当たり、母系の始祖となっていることに問題はない。しかしこれは後代の紛飾であって、その次に書かれた偉波都久和希＝イワツクワケこそが、本当の始祖なのではないだろうか。『古事記』には、「石衝別《いわつくわけ》王は、羽咋君・三尾君の祖ぞ」とある。ここは格別、羽咋君の現われる必然性のない場所であるだけに、羽咋・三尾同祖説はかえって信頼できそうである。

能登の羽咋《はくい》市を訪ねると、今でもイワツクワケを祀る羽咋神社が厳存し、イワツクワケを被葬者と伝える古墳も傍らにある。羽咋市からさして遠からぬ能登島には、高句麗式石室古墳たる蝦夷穴《えぞあな》古墳が存在する。もちろんイワツクワケの時代と蝦夷穴古墳の間には、かなりの時間的距離がありそうであるが、その地理的境遇は、イワツクワケもやはり朝鮮半島からの渡来者ではなかったかとの想像を許すものである。イワツクワケの子がイワチワケ、その子がイワコリワケ、そのあとマカワケ、アカハチ君、オハチ君と続き、継体の母振媛とその兄弟ツヌムシ君が生まれる。このうちイワツクワケを祀る神社に能登の羽咋神社、越前三国の大湊神社、近江高島の水尾神社などがあり、イワチを祀る神社に越前足羽郡の分神社、オハチ君を祀る神社に越前坂井郡の高向神社がある。これらの分布はイワツクワケを祖とする一族の勢力範囲を語っているようである。これは能登から近江にかけて北陸に勢力を張った豪族と言ってよく、同族とされた二氏のうち、羽咋氏は明らかに能登の豪族であろうから、加賀から近江にかけての雄族が三尾氏と言ってよろしかろう。

三尾氏の近江本拠説がやや不利に傾いているかに見える時に、近江説のために奮闘しているのが、水谷千秋氏[19][20]の如く思われる。

水谷氏は、高島郡に三尾の地名の存在することを力説するが、それが必ずしも継体の幼年時代にその地に三尾氏が居住していたことを立証するものではないであろう。ましてや、そこが三尾氏の数代にわたる生活の拠点であったことを語るものは、ほとんどないのである。

写真６　蝦夷穴古墳

写真７　蝦夷穴古墳石室内部

ところが越前には数世代にわたる古墳の蓄積がある。四世紀後半の手繰《てぐり》ケ城山《がじょうやま》古墳を筆頭に、北陸第一の六呂瀬山一号墳、同三号墳、二本松山古墳が五世紀を通じて築造される。これら松岡・丸岡古墳群はすべて前方後円墳で、葺石・埴輪・段築の設備を持ち、高い山上に

写真8　手繰ケ城山古墳

あって、眺望も絶佳である。中でも二本松山古墳は、二つの石棺を持ち、鍍金冠一、鍍銀冠一、眉庇付冑《まびさしつきかぶと》一、三角板鋲留短甲一などの豪華な副葬品を出土した。これらの古墳は越前の広域首長墓とみられている。これらは三尾氏関係の古墳とも考えられるが、第一次三国国造家の墳墓かも知れず、あるいは途中で入れ替わっているかもしれない。これら古墳の大部分が未調査なのでまだ断定できる段階にはない。

これに反し、坂井郡の旧金津町、旧芦原町にある横山古墳群という、五世紀末から六世紀を通じて前方後円墳十九基を擁する大古墳群は、三尾氏とその後継者三国氏の奥津城であることにまず異論はなく、これを否定した場合には、いかなる氏族をもってその主に擬すべきかに苦しまなければならないであろう。

『福井市史　古代中世編』(21)は、

「オオト伝承を持つか、あるいは何らかの関連が考えられる地域の古墳の盛衰をみてくると、いづれも五世紀後半から六世紀前半にかけて、以前よりの首長墳が大型化するか、あるいは隣接の地域より大規模な古墳を築くなど、その間の勢力の興隆が著しいことがうかがえる。そしてそれらのうちには、尾張・北近江・西近江・越前・加賀・能登の大・中の首長墳などが含まれている。すなわち『日本書紀』が真実を伝えているものならば、オオトは畿内に北東接する地方の有力首長などとの豪族連合の形成を契機に、中央に進出し得たものと推論することが可能になる」と説明する。

三尾氏からは、二人の女性が継体妃に選ばれている。

第一は三尾角折《つのり》君の妹、稚子《わくこ》媛で、大郎皇子と出雲皇女の二人を儲けている。この人は、『古事記』において第一位に記され、かつその所生の皇子が、オオイラツコと称されているところからみて、おそらく継体の最初の妻であったろう。母振媛は多分自分の近親者の中から、若いオオトの配偶者を選んだのであろう。三尾の角折君と、姓《かばね》の上に地名が来ているところを見ると、後世に流行した複姓のように思われる。「つのり」の地名は、日野川と足羽川の合流点の近くに今も残っている。

次の三尾氏出身の妃は、三尾君堅楲《かたひ》の娘、倭媛である。この人は四人の子女を儲けた。大郎子皇女、椀《まろ》子《こ》皇子、耳皇子、赤姫皇女の四名である。このうち椀子皇子は、「三国公」の祖と記されている。おそらく三尾氏がこの皇子を養子として受け入れ、自らの家も「三国氏」と改めたのであろう。その後、三尾氏の名は消え、三国氏が坂井郡の豪族として勢力を張っている。

このほかにも足羽郡に三尾野という地名があり、坂井郡の本家のほかに、足羽郡にも三尾氏は存在したらしい。もと足羽郡の脇三《わきさん》ケ《が》にイワツクワケの子・イワチワケを祀る分《わけ》神社があ る。イワチワケは後世ポピュラーな存在というわけでないから、この祭神は信頼すべき古伝といってよいであろう。

三尾氏の名が後世消えるのは、壬申の乱に大友皇子方に味

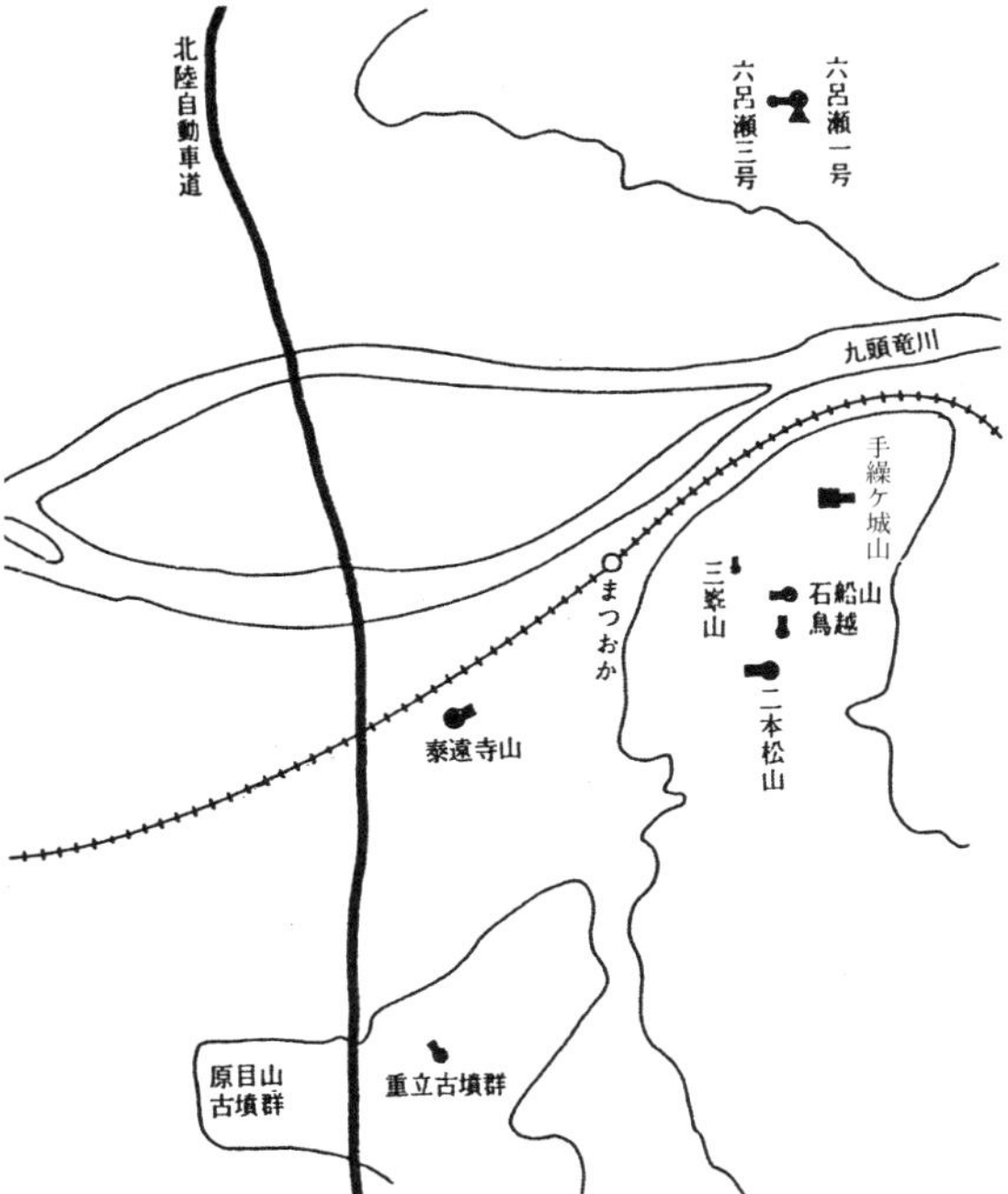

図4　松岡・丸岡古墳群略図

写真9　椀貸山古墳（横山古墳群の南端にあり、椀子皇子の墓とも伝える）

方したためと言う説もある。それもあるかも知れないが、「三国」という名はもともと三尾氏にとって大切な呼称であったのである。元来「越の三国の坂名井」といい、三国は坂井郡より広かったのである。三国の名は今も三国港のある町の名として残っているが、それは三国が良港として有名であったために残ったので、本来は越前の北半よりも広い地域を意味したのである。三国には、水国の意義と「三つの国」の意と両方あったが、継体の時代に水国のような排水の悪い地であったとは思われず、やはり「三つの国」の意味が強かったであろう[22]。

元来、坂井・足羽二郡の実力者であった三尾氏は、北隣の加賀江沼郡から振媛の父オハチ君がアナニヒメを娶って、江沼郡もその影響下にはいったとき、三国の三尾氏と誇らしげに宣言し、アナニヒメを「三国命」と呼ばしめたのであった。

『上宮記』の史料の中に、「命」の字のつく女性は他に三人登場し、いずれも継体の直系尊属である。中で振媛の母に当たる阿那爾比弥＝アナニヒメは余奴臣の出身であった。[11]「余奴」を何と読むべきか困難であったが、たまたま小松市南方の窯跡から、へら描きの文字のある須恵器が出土し、これが「与野」と読めるところから、やはり江沼郡の江沼であろうと確定した挿話もあった。朝鮮語には本来「エ」という母音がないから、「ヨ」という漢字で代用したと考えられ、これを使用した人々の来歴についても考えさせられたことであった。

ところで『上宮記』の史料には、

「父汙斯王崩去而後、布利比弥命言曰、我独持抱王子、無親族部之国、唯我独難養育比陀斯奉之、云爾将下去於在祖三国命坐多加牟久村也」

と書かれ、かなり読みにくいが、「父汙斯王が崩《かく》れましまして後、振媛命がおっしゃるには、私は親族のいない国に来て、一人で王子を抱き育て、養育し、大きくすることは、とてもむずかしい。それよりはここを去り、母でまします三国命のおいでになる高向村へ下ろうと思う」として、大意はほぼ誤ってはいないであろう。[23]

もし三尾氏が近江高島郡にいるのだったら、そもそもアナニヒメが、遠路江沼郡から嫁にきたかどうか疑問であったろうし、「三国命」のような興味深い史料が残ったかどうかも判らない。水谷氏(19)は『上宮記』の後半部は、江沼氏の手が加わっているから史料価値に疑問があるというが、江沼氏は手を加えることによって、どういう具体的利益に預かったのであろうか。

ここで『古事記』が越前説に何ら触れていない理由について考えておきたい。『古事記』は継体の少年時、青年期、壮年期について全く触れていないが、これは節略しているのだと考えることができる。『古事記』はその現代（『古事記』の筆者が生きていた時代）に近づくほど簡略化されている。『古事記』の筆者は現代に興味を持たなかったのかも知れない。継体天皇の項に筆録されているのは后妃関係の記事と石井《いわい》の乱のみである。『日本書紀』が重視する朝鮮関係の記事も全く採録されていない。『古事記』の筆者がよほど国家的な大事件と認定したものだけが採録されているのである。成長期の継体の事蹟などは国家的な大事とは認めなかったのであろう。『古事記』は継体の越前出身説について否定も肯定もしていないというのが真相である。

第四章　継体進出の背景

継体が『記紀』の示すような平和的な方法で迎えられたにもせよ、または武力的に乗り込んで行ったにもせよ、やはり天下の大王と仰がれたことは、その実力が広く万民に認められたことにほかならない。継体の実力の背景としていくつかの要素が考えられる。

この時代の産業として最も重要なのはやはり農業であり、その中でも米であろうと思われる。農業の創始期には、おそらく小さな川の周辺などに小規模の水田が作られていたであろう。しかし五世紀の末から六世紀の初め頃になれば、鉄製の農機具の普及や地方の組織力の強化などによって、かなり大きな川の流域にも、潅漑農業が行なわれるようになってきているのではなかろうか。

継体の登場した時は正しくそうした時代であった。福井県に残る継体伝説の大部分は、治水とか、灌漑とかに関した話である。これらの伝説を、すべて科学的根拠がないと切り捨ててしまうことは、かえってこの時代の実状から遠ざかることになるであろう。六世紀には、

表1　『弘仁式』『延喜式』にみえる公出挙稲

『弘仁式』	束	『延喜式』	束
陸奥	1,285,200	常陸	1,846,000
肥後	1,230,000	越前・加賀	1,714,000
上野	1,140,000	陸奥	1,582,715
越前	1,095,000	肥後	1,579,117
播磨	1,000,000	播磨	1,221,000

注1　『弘仁式』主税上は断簡による前欠のため、畿内・東海道の諸国および近江国の数値は不明である。したがって、それら以外の確認できる国を多い順に列挙した。
注2　『延喜式』の越前国は1,028,000束、加賀国は686,000束である。

全国的に農業生産が飛躍的に増加したであろうが、ことに越前のような大河九頭竜川の流域においては、それが特に著しかったにちがいない。

当時の米の産額を正確に表示することはむずかしいが、全く不可能ではない。弘仁式や延喜式の公出挙稲の数値などは、ある程度米の総収穫量に比例するであろう。弘仁式において、越前（加賀を含む）の出挙稲数値は、陸奥・肥後・上野についで全国第四位である。延喜式では越前加賀にわかれているが、もし合算すれば、全国第二位となる。当時上位を占めていた陸奥・肥後・常陸などは、おそらく律令制以後の発展が顕著であったろうから、五世紀以前には越前の米生産力が全国一位だった可能性もあるであろう。(3)(4)

次に越前若狭は当時有数の製塩国であった。『書紀』の武烈天皇即位前紀は興味ある説話を伝える。当時権勢をほしいままにしていた大臣平群眞鳥《へぐりのまとり》は、太子時代の武烈と大伴金村とに滅ぼされるのに際して、あらゆる塩に呪いを掛け、天皇の食料とならないようにした。ただ慌てていたために、角鹿の海の塩だけは呪いを掛けるのを忘れた。そのために角鹿の海の塩だけが天皇の食料となったという。この説話の意味するところは、親平群・反大伴の勢力によって、瀬戸内や東海からヤマトに入る塩の道が途絶し、朝廷が北陸の塩に依存する一時期があったことを示しているかと思われる(2)。角鹿の塩の価値はある時期には頗る高いものであったかも知れない。ここで「角鹿の海の塩」というのは、単に敦賀湾の塩のみを意味しているのではなく、敦賀で集散される越前若狭の塩全体を指していると考えられる。越前から近江にかけて勢力を張る継体の実力は、この塩全体に大きな影響をもたらしたに違いない。前川明久氏(24)は、若狭の塩と河内馬飼首との関係を追求された。若狭の塩と継体との関係に着目された有益な論文かと思われる。

写真10　天神山７号墳　第二主体部
（鉄刀、鉄剣の出土状況）

さらに鉄と馬の問題がある。昭和五二、

五三年に発掘調査が行なわれた福井市天神山七号墳において、第一主体部から鉄の刀剣十一本、第二主体部から約四十本の鉄刀剣が出土した。このように鉄の刀剣が惜しみなく副葬されていることは、鉄の貯蔵にかなり余裕が出来てきたことを示すものであろう。越前における鉄生産遺跡としては、有名な細呂木遺跡（旧金津町）がある。その年代はいまだ定説を得ていないが、細呂木小学校裏遺跡については、ＢＰ一四〇〇±二一〇年と推測され、これは五世紀中頃から六世紀中頃までを含んでいる。(25)この地の鉄生産は加賀海岸から運んできた砂鉄によっていた。(26)

継体の父彦主人王が西北近江において、鉄鉱石からの採鉄に従事していたとすれば、これはもちろん息子への大きな貢献であったろう。山尾幸久氏(27)は、振媛の一族、三尾氏もこれに協力して、一緒に働いたのではないかとの説を立てておられるが、あり得ない話ではないと思われる。息長氏の氏名そのものが製鉄に欠くことのできぬ吹子《ふいご》に由来しているやも知れず、またオオホト・オオトの名のホトは、火処《ほと》であるかも知れない。継体と鉄との関係は有力な一視点であろうと思う。

馬については、考古学的にはさらに不透明であるが、継体の中央進出に重要な情報をもたらした河内馬飼首荒籠は、その名の如く馬の飼育に携わった河内の豪族と考えられる。荒籠の本拠地は、大阪府の四条畷市から東大阪市と推測され[28]、そのあたりには馬具を出す遺跡が多いといわれる。早くから馬の飼育を業とする河内の豪族と通交を深めた継体には、当初から相当な野心があったものであろう。

写真11　敦賀市吉河遺跡（大型住居址）

越前で馬具を出土した最古の古墳は、横山古墳群南端の椀貸山二号墳と見られ、その年代は五世紀末か、六世紀初頭で、継体の興起に辛うじて間に合うようである。

継体の実力の背景として、さらに海外との交流が挙げられる。

敦賀は海外への窓口として、古くから華々しい機能を持ってきた。『記紀』に伝えられた多くの海外からの来航者の説話もある。「崇神紀」は蘇那曷叱知《ソナカシチ》の来航を伝えるが、「垂仁紀」は「都怒我阿羅斯等《ツヌガアラシト》又は宇《ウ》斯岐阿利叱智干岐《シギアリシチカンキ》」の来着を記す。こうした来航者は時に重複したり、混交したりしているが、越前・加賀

写真12　高霊池山洞32号墳

への渡来者はおそらく三人や五人ではなかったであろう。かれらは、そこに定着するとともに、祖国の文化を伝えたに違いない。式内社としては、能登羽咋郡に久麻加夫都阿良加志比古《くまかぶとあらかしひこ》神社、同能登郡加布刀比古《かぶとひこ》神社、同阿良加志比古神社、越前敦賀郡白城神社、信露《しろ》貴彦《きひこ》神社などが挙げられる。そこには兜や冠帽などが祀られ、物資の交流も伴ったと見られる。新羅の王子とされるアメノヒボコは新羅から八種の宝を持ってきたといわれるが、それはヒボコに限ったことではなく、多かれ少なかれ、知識や技術の伝播を伴ったものであったろう。敦賀には弥生時代以降の遺跡がはなはだ多く、なかでも多数の方形周溝墓や大型の住居址の見出された吉河《よしこ》遺跡は全国屈指の大集落である。

おそらく継体政権の中枢に近く位置を占めたと思われる、旧松岡町（現永平寺町）の二本松山古墳の被葬者が用いた金メッキの冠は、韓国高霊の池山洞三二号墳から出土した金銅製の冠と酷似している。大加羅とも呼ばれた高霊の王と、北陸の一古墳の主との間に何らかの交渉があったことは明白である。筆者は二〇〇五年三月高霊の地を訪れ、高い山の尾根に累々と築かれた小円墳を次々に訪ねて、池山洞三二号墳を確かめて来たのだが、二七三メートルの高所に立つ二本松山古墳も、すこぶる眺望に富む似たような雰囲気にあることを実感したことだった。福井市天神山七号墳から出土した金製の垂飾付き耳飾も南朝鮮産と推定されているし、物資の交流はこの時代かなり盛んだったに違いない。

奈良時代にできた『日本霊異記』の中に出てくる楢磐島《ならのいわしま》の物語は、敦賀が商業の一中心地であったことを語っている。それは奈良時代の話であるが、交易は古墳時代にも遡るものであろう。三国港にも奈良時代に渤海使が来着したことが知られている。また福井市和田防町《わだぼうちょう》遺跡から出土した奈良後期の井戸の木製の枠は、海洋にも航行可能な準構造船の廃材と判ったが、

写真13　三国港を見下ろす出世山古墳

防町遺跡は足羽川の川筋に近く、十分遡航可能範囲に属している。こうした船舶によって、福井平野の物資を集め、三国あるいは敦賀の港に運んだのであろう。三国の地名そのものが越前北半ほどの広い地域を意味するものであったが、今日も残る三国の名称はこの地方を代表する良港の名を伝えるものでもある。つまり三国地方の港の意味だったのが、単に三国として残ったのである。

第五章　九人の妃

前にも一部触れたが、ここで継体の九人の妃についてまとめて説明しておきたい。もっとも九人というのは、『書紀』による数で、『古事記』では七人となっている。すなわち『古事記』の方が二人少ないのであるが、どうしてそういう食い違いを生じたのか、考えてみたい。『古事記』最古の写本である「真福寺本」によれば、問題の箇所は次のようになっている。

「又娶息長手王之女麻組郎女、生御子佐佐郎女一柱、又娶坂田大俣王之女黒比賣、生御子神前郎女、次田郎女、次田郎女（重複）、次白坂活日子郎女、次野郎女、亦名長目日賣三柱、又娶三尾君加多夫之妹倭比賣、生御子太郎女、次丸高王、次耳上王、次赤比賣郎女四柱」

坂田大俣王の娘黒比賣を娶って神前《かむさき》皇女云々と書いているのだが、実は神前皇女の次に、「馬来田《まくだ》郎女三柱、又娶茨田連小望《まんだのむらじおもち》之女関比賣、生御子」と書かねばならなかったのだ。結局、息長手王の娘の子の佐々宜《さ さ げ》皇女と馬来田皇女の二人を抜かしてしまった。その上、茨田《まんだ》郎女と茨田《まんだ》大郎皇女を間違えて、その中間を抜かしている。全く伝写者の単純ミスで、全体の妃や娘の数を誤ったわけではない。

『古事記』は妃になった順番に記しているが、『書紀』は身分の順に記している。『書紀』の第一位は、皇后になった手白香皇女《たしらかのひめみこ》である。これは亡くなった先帝・武烈の姉で、その前の仁賢天皇の娘である。この人が継体王朝と昔からのヤマトの応神王朝との繋ぎの役を務めることになる。この人の所生の皇子が後に欽明天皇となり、四十一年の長き治世を保った。『古事記』によれば、彼女を娶ることが継体即位の条件であり、それを受け入れて初めて継体王朝が成立するのである。この人の墓は、西殿塚古墳に近い西山塚古墳であろうと言われている。やはり古い王朝の墓群に入ることを好んだのであろう。

『書紀』の二番目は元妃といわれる、尾張連草香の娘・目子媛である。これは地方豪族としては、桁はずれに大きな勢力を持つ尾張の豪族の娘として、手白香が入内《じゅだい》する以前は、権威ある地位を保ってきた。今も名古屋市内に長さ一五〇メートルの巨大な前方後円墳、断夫山古墳を保つ尾張氏の勢威は、継体の天下取りに大きな貢献をなした。目子媛の生んだ二人の皇子、匂大兄と檜隈高田皇子は相次いで天位を践み、安閑天皇・宣化天皇となった。断夫山古墳は尾張連草香か目子媛か、いずれかの墓といわれる。

三番目は三尾角折君の妹、稚子媛である。この人は足羽郡在住の三尾氏系で、大郎皇子と

図5

日本書紀		古事記	
(1) 皇后手白香皇女	天国排開広庭尊（欽明）	(3) 大后手白髪命	天国押波流岐広庭命（欽明）
(2) 元妃尾張連草香女目子媛	勾大兄皇子（安閑） 檜隈高田皇子（宣化）	(2) 尾張連祖凡連妹目子郎女	広国押建金日命（安閑） 建小広国押楯命（宣化）
(3) 三尾角折君妹稚子媛	大郎皇子 出雲皇女	(1) 三尾君等祖若比売	大郎子 出雲郎女
(4) 坂田大跨王女広媛	神前皇女 茨田皇女 馬来田皇女	(5) 坂田大俣王之女黒比売	神前郎女 茨田郎女 白坂活日子娘女 小野郎女
(5) 息長真手王女麻績娘子	荳角皇女	(4) 息長真手王女麻組郎女	佐佐宜郎女
(6) 茨田連小望女関媛	茨田大娘皇女 白坂活日姫皇女 小野稚郎皇女		
(7) 三尾君堅楲女倭媛	大娘子皇女 椀子皇子（三国公の祖） 耳皇子 赤姫皇女	(6) 三尾君加多夫之妹倭比売	大郎女 丸高王 耳王 赤比売娘女
(8) 和珥臣河内女荑媛	稚綾姫皇女 円娘皇女 厚皇子	(7) 阿倍之波延比売	若屋郎女 都夫良娘女 阿豆王
(9) 根王女広媛	兎皇子（酒人公の祖） 中皇子（坂田公の祖）		

（番号は記載順）

出雲皇女を生んだ。おそらく長男の皇子を生んだにも拘わらず、何故か影が薄い。正史には他に現われてこない。

第四と第五は坂田大跨王の娘、広媛と、息長真手王の娘、麻績娘子《おみのいらつめ》である。前者からは、神前皇女、茨田皇女、馬来田皇女の三人が、後者からは、佐々宜皇女が生まれている。

第六番が、『古事記』がミスを犯して飛ばしてしまった茨田連小望《まんだのむらじおもち》の娘、関媛である。この人は淀川中流域の寝屋川市あたりの豪族で、継体の興起に重要な役割を演じた。継体の真の墓といわれる今城塚古墳や、都を置いた河内樟葉、山城筒城、同弟国などは、茨田連の勢力圏から近く、もしこの人の絶大の協力がなかったならば、建都も造墓も思うに任せなかったに違いない。関媛の子は、茨田大娘皇女《まんだのおおいらつめ》、白坂活日姫皇女《しらさかいくひひめ》、小野稚郎皇女《おののわかいらつめ》の三名である。

七番目は、三尾君堅槭《かたひ》の娘、倭媛で、多分坂井郡にいた方の三尾氏の系統である。大娘子皇女、椀子《まろこ》皇子、耳皇子、赤姫皇女の四人の子を儲けた。中でも椀子皇子の子孫は、三国公《みくにのきみ》として大いに栄えたが、延暦四年（七八五）にいかなる罪によるのか、三国真人広見が突然左遷されて、三国氏の勢威も一頓挫することになる。

八番目は和珥臣《わにのおみ》河内の娘、荑《はえ》媛であるが、この人は『古事記』では阿倍之波延比売《あべのはえひめ》となっている。子どもは、『日本書紀』では、稚綾姫皇女《わかやひめ》、円娘皇女《つぶらのいらつめ》、厚皇子《あつのみこ》の三人、『古事記』では、若屋郎女、都夫良郎女、阿豆王の三人で、大体対応している。和珥氏と阿倍氏には同族だという伝承はないが、この両者が同一人物だということになれば、ワニ氏の衰退につけ込んで、阿倍氏が食い込んだのであろう。

最後に『書紀』だけに見える人物として、根王の娘広媛というのがある。前にも少し触れたが、その子は、酒人公の祖の兎皇子《うさぎのみこ》と、坂田公の祖の中皇子で、まず息長系の人物と見て誤りないであろうし、広媛の名が坂田大跨王の娘と同じという点からみて、坂田大跨王との重複とも考えられる。

継体の七人の妃を分析すると、中央豪族と地方豪族とが、ほぼ半数ずつなのが注目される。地方豪族としては、尾張を筆頭に、近江系三家、越前系二家があげられよう。中央豪族としては、手白香皇女を初め、茨田連、和珥臣が数えられよう。このように均衡を保っているように見えるところに、継体一族の数代にわたる苦心が潜んでいるとも考えられる。

地方豪族系としては、このほか継体の祖父オヒ王にクルヒメを嫁がせた、牟義都《むげつ》国造家が挙げられようし、ウシ王の母となった伊自牟良君《いしむらきみ》の一族もある。

母系の有力者としては、アナニヒメの余奴臣がある。加賀江沼郡の豪族で、継体の母振媛と、その兄弟都奴牟斯君《つぬむし》とを生んだ。

写真14　横山14号墳

かくして継体の親族は、能登・加賀・越前から、美濃・尾張に及び、畿内を北東から包囲する形になっている。

これらの妃は継体と同居していたのであろうか。もちろん同居か否かは、文献だけからでは判らない。しかし目子媛については、尾張型埴輪といわれる特殊な埴輪が、三尾氏一族の墓といわれる横山古墳群から出土する。これはおそらく目子媛が職人と共に越前に来ていたことを推察せしめるとともに、横山古墳群が三尾氏一族の墓であることをも支持するものである。[29]

水谷千秋氏[19]は概して地方豪族に対して評価が低い。継体王権の樹立に対して、ほとんど何の貢献もしなかったように書かれている。水谷氏は、古代における資料がいかに乏しいか、その資料が語るところがいかに少ないかを忘れているかに見える。一国の君主を決めようとする大きな転換期に際して、これら地方豪族は果たして何の声もあげなかったか。これら地方豪族の声なき声を汲み取ることがいかにむずかしいかを考えなければなるまいと思う。

その頃、これまで古墳を造らなかった連中が、どんどん古墳を造る時代が来ようとしている。これまで古墳を造ってきたものたちは、新しい時代にどう対処しようとするのか、新たな心構えが必要であったろう。

それに対して水谷氏は、

「古墳文化の安定性などから、これらの地域の首長が一定の政治関係を有していた可能性はあっても、それが直ちに継体擁立に向けての政治連合として積極的に機能してくるとは考えがたい」

と突き放すが、その読みは果たして万全なのであろうか。今日ただ一人の小泉後継者をめぐって、どれだけ政治的暗闘がくりかえされても、それが何らかの証跡として残ることは稀で、後世判りにくいことがありがちなものであることを考えれば、思い半ばを過ぎるものがあろう。それと同様に古墳時代の首長が、政権にどういう貢献をなしたかということも、容易に読み取れるものではないだろう。

第六章　あいつぐ遷都

西暦五〇七年一月、『日本書紀』は三国坂中井におびただしい軍兵と厳めしい法駕馬匹の行列を描く。これは先帝武烈の崩御に伴って、坂中井に静かな生活を送る男大迹《おおと》を次の皇位に迎えようとの要請に急ぐ、大連《おおむらじ》大伴金村らの一行であった。

北陸の道は大雪に閉ざされていた。それを踏み越えて進むことは、大きな兵団にとって大変な苦労であった。何らそうしたことに顧慮することなく、闇雲に兵

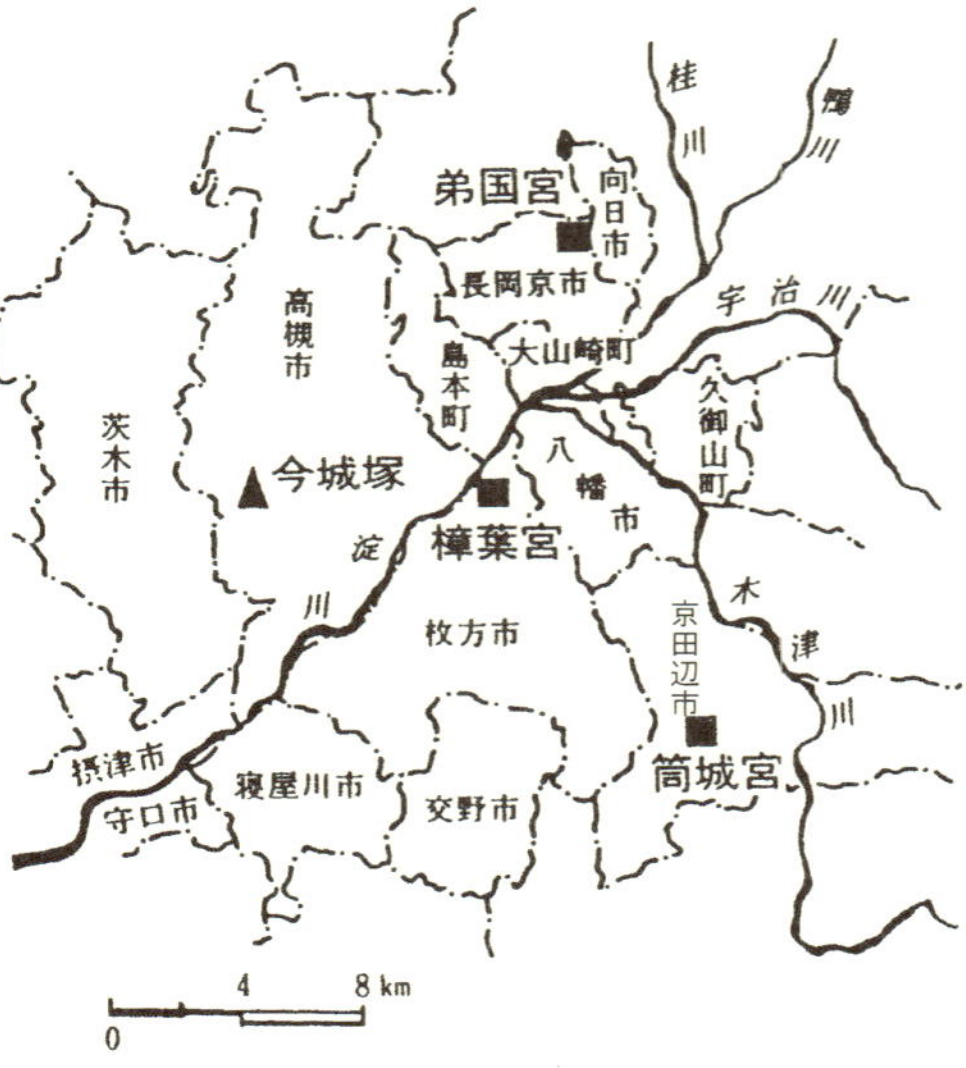

図６　継体天皇の「遷都」概要図

力を動かした金村らに対し、兵士たちは遠慮なく不平の声を浴びせた。

私は『日本書紀』のこの件を読む度に、「何故一月なのだろう」と奇異の思いを抱く。『書紀』のこのあたりを執筆した人たちは、北陸の気候に対し全く無知であり、また無関心であったのである。大伴金村らは本当に五〇七年の一月に北陸にやってきたのであろうか。私は、一度も行ったことのない土地について平気で論文を書く史家（もしそういう人があれば）に対するのと、ほとんど同等の不信感をこのあたりの『日本書紀』の文章に対して持つ。

ともあれ、すでに丹波の桑田郡において、仲哀天皇五世の孫という倭彦王に逃げられている大伴金村らは、辞を低くして男大迹に懇願した。

「すでに男、女の皇子なくして、天つ日継ぎを求めようもなく、私どもは困却いたして居ります。あなた様こそ、人となり仁慈にして孝順、万民が思いを寄せるところと存じます。枉げて天位を嗣がれますことを御承認頂きたく存じます」。

男大迹は困惑していた。余りにも唐突な申し出であった。いかなる思惑があるのか、全く測りがたかった。この時、彼はふっと思い出した。河内馬飼首荒籠《かわちのうまかひのおぶとあらこ》という、なかなか重宝な男が、こうした場合何かの役に立ちそうだと思い付いたのだった。そこで若干の時日の猶予を乞い、河内馬飼首に連絡を取り、情報の提供を求めた。

写真15　樟葉宮跡（大阪府枚方市）

男大迹の慎重な態度は、金村らに好感をもたらしたようであった。「すでに帝位にましますが如し」と記録されている。

河内馬飼首から前向きの情報を受け取った男大迹は、金村らに承諾の返事を与えた。男大迹は河内の樟葉《くすは》まで金村らと同行し、そこで鏡と剣の神寶を受け取り、天位に就いた。

だがこの日から彼の苦難の生涯が始まったのだ。

『日本書紀』は慌だしく次々と遷都を続ける継体の姿を伝える。中には、これら遷都の事実を疑う人もいるかも知れない。少なくともこれら遷都の地名は、事実ではあるまいと思う人がかなりいるかも知れない。

そういう人に私は反問したい。もしそれが事実でないなら、何を苦しんで書紀の筆者はそうした創作を行なったのか。もともと「継体紀」を書くために与えられた資料は極めてわずかしかなかったのであるから、遷都の地名だけでも、かなり重要な情報なのである。

写真16 筒城宮跡（京都府京田辺市）

最初の地は、河内樟葉（現在は楠葉と書く）であった。ここは現在枚方《ひらかた》市に属し、宇治川・木津川・桂川の三川が寄り合って、淀川を形成する交通の要衝である。まずこの地に拠って、天下に呼びかけただけでも、継体の眼識は十分人々に評価されたはずである。しかし反対派の勢力も根強かった。

反対派の主な勢力は、雄略以前に権勢を握っていた葛城氏であったが、大伴の動向も案外当てにならなかった。オオトを引っぱり出した当事者であるのに、ほとんど日和見中立といってもよかった。物部の方がまだ頼りがいがあった。中小の豪族は形勢を窺っていて、時によりあっちに付いたり、こっちに付いたりしていた。

継体は樟葉に四年いて、山城筒城に移った。

筒城もまた、南近江、北山城、河内、大和に通じる道の十字路に当り、交通の要衝である。付近には興戸遺跡、薪遺跡など五、六世紀の集落があり、鉄の生産にも関与していた。現在京田辺市になっていて、筒城宮跡の石碑も同志社大学の構内にあるが、元来の宮跡は普賢寺谷の付近にあったであろう（宮に適する地形はその辺りしかない）。継体はここに七年いて、大和を指呼の間に望んだが、形勢の不利を察して遂に撤収、山城弟国に撤退した。ここは後年、桓武天皇が長岡京を営んだところだった。

弟国は敵への攻撃よりはむしろ後背地との連絡に重点を置いた布陣であった。越前や近江からの物資の補給に便であり、負けないための都であった。継体はここに八年おり、じっと相手からの働きかけを待った。

辛抱の効《かい》があって、使者はついに来た。相手方も苦しかったのである。前の仁賢天皇の娘・手白香皇女を皇后に立てることを条件に、継体の即位を容認しようとする案であった。和平の条件は、『古事記』に詳しく記されている。

「天皇（武烈）既に崩《かんさ》りまして、日継知らすべき王《みこ》なかりき。故《かれ》、品太天皇の五世の孫、袁本杼命《をほどのみこと》を近淡海国より上り坐《ま》さしめて、手白香命に合はせて、天の下を授け奉《まつ》りき」

この文で、「故《かれ》」から下は、主語のない文章である。天の下を授け奉ったのは、果たしてだれか、直ぐにはわかりにくい。しかしよく考えてみれば、大伴金村を初めとする当時の実力者としか、当てようがない。しかも先代の天皇仁賢の娘を皇后とするという厳しい条件が付けられていた。

『書紀』の方は、即位してから皇后を決めることになっている。だから皇后の冊立は即位の条件ではなかった。『古事記』の方は、皇后を決めてから即位となる。それ故、『古事記』の方がより厳しい条件を伝えている。どちらの方が当時の実情に合っているであろうか。

当時の継体の立場を考えてみよう。継体は多分『上宮記』とほぼ同じ文書を提示していたと思われる。それは何人も文句を言えぬほど立派な文書であったか。おそらくそうではなかったであろう。

当時何代の子孫まで皇族と見なすか、ちゃんとした成文法はまだなかったろう。だがおそらく一般に通用する常識的な慣用法といったものはあったに違いない。それは多分五代までであったろう。おそらく田舎皇族が皇族として通用するぎりぎりの線に相違なかった。

しかもその文書はよく整備されたものではなかった。代々の五人のなかには怪しい人名もあった。それは多くの人からなかなか認められにくいものでもあった。

政府の中には、継体の即位を認めてもよいというものもあった。いや絶対に認められぬと主張するものもあった。当然ながらそこには衝突もおき、あるいは戦争も起きたかも知れぬ。

そうしたとき継体が武力を行使したかと問う人がいたら、私は答えたい。必要によっては彼も武力を行使したであろう。それにプロパガンダも行なったであろう。そのほか現代の政治家が使うかも知れない、あらゆる手を使ったに違いないと。

直木孝次郎氏(30)は言っている。「継体の大和入りと、神武東征の物語とは、色々の点でよく似ている点がある」と。例えば、大和までの年数とか、あちこち途中で、数年ずつ滞在している点、大伴・物部両氏の功業が著しい点、死去に際して皇位継承の争いがあったらしいこと、大和勢力と地方勢力との軋轢《あつれき》があったらしいことなどが挙げられる。これにより継体朝の歴史を復元するのに、神武伝説を参考にすることによって、明らかになしうる点もあるであろうと直木氏は考えられた。これは直木氏が、継体朝自体を変革の時代として捉えられたためであって、継体を「風を望んで北方より立った豪傑の一人である」という、当時としては非常に新鮮な考えを唱えられた源泉となったのではないかと考える。

いつの世にあっても、革新派の用いる戦略は似てくるものなのだ。

弟国時代の継体は必ずしも有利な立場ではなかった。だから彼はこの妥協案に飛びついた。だが反対派の方も二十年にも亘ろうとする争いに疲れていた。彼らの方が和睦の手を差し伸ばしたのである。こうして継体王朝が成立したのだった。

図7　皇室関係系図（仁徳——欽明）（文献(31)より一部引用）

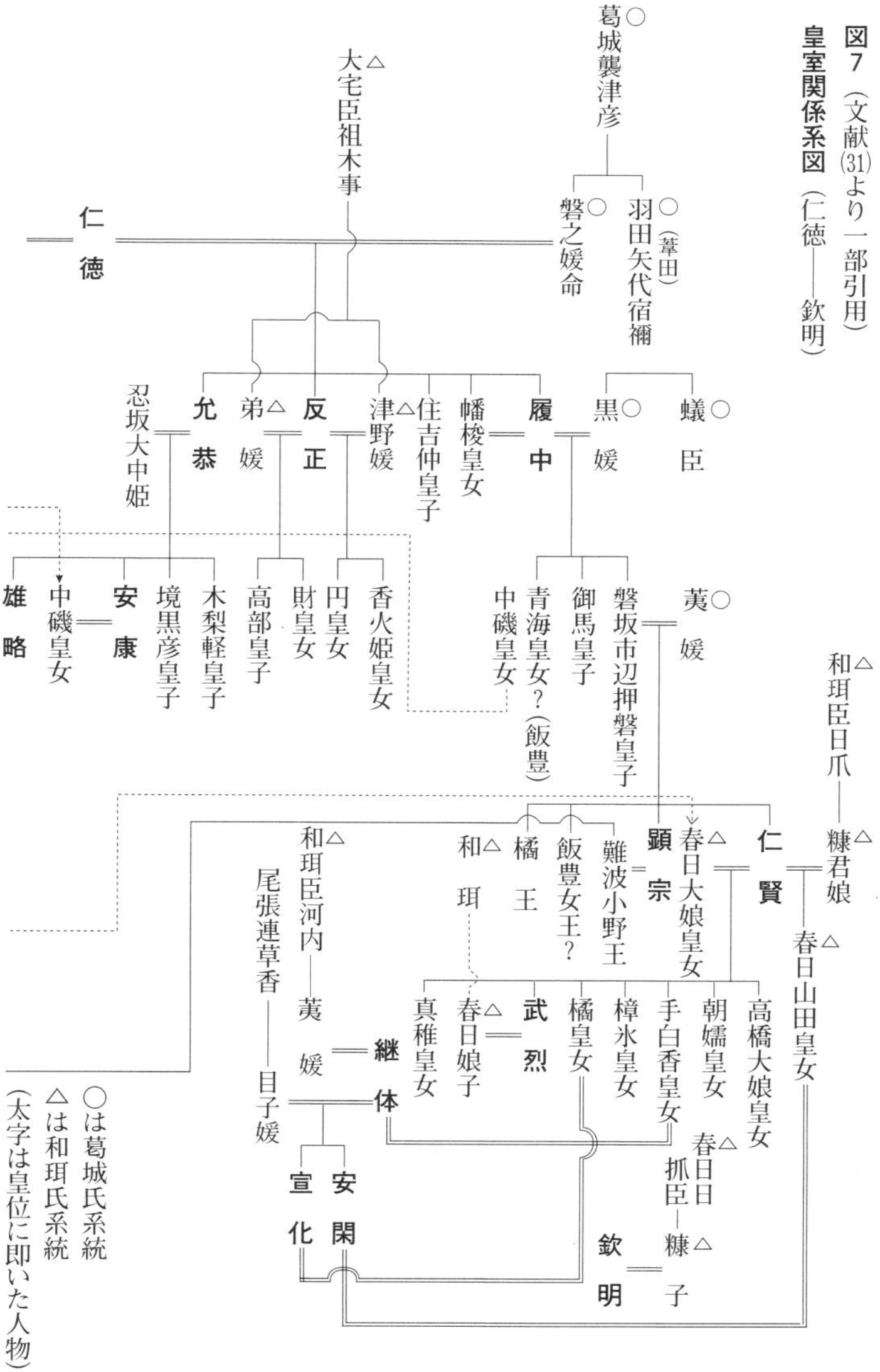

第七章　継体朝の年代錯誤

「継体紀」の二十年秋九月丁酉の朔己酉に、「遷りて磐余の玉穂に都す」とあって、その後細字で、「一本に云はく、七年なりといふ」と書かれてある。これがいろいろと議論を呼び起こす。玉穂の宮での即位は、継体七年か、それとも二十年か。継体は二十年も大和に入れなくて、うろうろしていたのか、それとも、たかだか七年だったのか。

継体朝の年代錯誤は、ここだけではない。

百済が任那の土地のうち、四つの県の返還を求めて来た事件があった。これも年代を異にして、重複しているらしい。これは重要な問題なので、いずれ章を改めて論じなければならないだろう。

年代錯誤には、もう一つ重大事が関与しており、継体天皇の崩年がまた怪しいのである。

継体は、長子の安閑天皇に譲位してから、世を去るのであるが、初めはその崩年を五三四年（甲寅）に予定していた。ところが、百済史料に拠るべきものがあるといって、五三一年

（辛亥）に変更した。そうすることにより、継体の崩年と、安閑の即位年の間に二年の空白を生じてしまった。ところが安閑は譲位によって天位を受けたのであるから、空位など本来あるべきはずがないのである。

このように継体朝には、紀年についていくつも問題を引き起こしている。

それは一つ一つが面倒で、いろいろ議論があるところだが、なぜ、そんなに継体関係の年代がややこしくなったのかという議論だけは、本章で扱いたいと思っている。

それを一口で言えば、「継体紀」が前代のややこしい問題を、全部抱え込んでしまったからである。

中でも厄介なのは、顕宗天皇と仁賢天皇の物語である。顕宗と仁賢は兄弟で、共に市辺押《いちべのおし》磐皇子《はのみこ》の子供であった。両児がまだ幼い頃、雄略天皇という大変荒々しい気性の人があった。たまたま雄略の兄安康天皇が眉輪王《まよわ》という少年に殺される事件があった。雄略は直ぐ眉輪王を殺して兄の仇を討つのだが、その際、自分の即位の妨げになりそうな皇子たちを皆殺しにしてしまおうと、よくない考えをおこした。それで安康の兄弟や、従兄弟の市辺押磐皇子などを次々に殺し、ついで即位して雄略天皇となった。市辺押磐の幼い二王子は逃げ出して、播磨国に隠れ、志自牟《しじむ》という人の家で牛飼・馬飼の仕事をしていた。

雄略の治世はたいそう長くて二十三年、その息子の清寧天皇が跡を継いで二年、計二十五年も潜伏していたことになる。父を失った時、十歳くらいとしても、すでに三十代の半ばくらいには達していよう。

たまたま志自牟の家で新築の祝いがあり、その祝いに乗じて、彼らは舞を舞い歌を詠《うた》って、身分をあかすことにした。ちょうど中央の役人がその場に来あわせていて、この訴えを聞いて大いに驚き、都に連れて帰った。先に告白した弟の方が先に天皇になり、顕宗という。ついで兄も天皇となり、仁賢という。

この話は、私にはどうも面妖《めんよう》に思われる。牛飼、馬飼の中年の男が、自分は皇胤だと告白したとしても、誰が本当にするものであろうか。『古事記』では二人とも少子《わらわ》と呼ばれているから、まだ飲み込めるが、大人となれば、通用しない話である。やはり継体の立場を通りよくするために作られた話としか思われない。顕宗は子供もないことだから、まず実在の人とは考えられないし、仁賢は実在であろうが、それほど数奇《さっき》な運命を辿った人ではないのではないか。

武烈天皇の桁はずれの悪逆ぶりも、とても実在の人物とは思えない。中国では、滅んだ王朝の最後の王は、思い切って悪逆に描くそうだから、継体の名君ぶりを引き立たせるために、わざと作り上げた物語なのであろう。

大伴金村が継体を迎えに来るちょっと前に、喜劇的に出てくる倭彦《やまとひこ》王という人物も、まず架空の人であろう。迎えに来た兵隊たちを、自分を捉えに来たかと勘違いして、山谷に隠れて行方不明になるなど、あまりにお粗末である。それに対して継体の方は、「すでに帝座にましますが如し」と、堂々と振る舞うのだから、全く相撲にならない。このように継体を持ち上げる話ばかりが多いので、継体の実像が隠れてしまいそうである。贔屓《ひいき》のひき倒しとも言えるかもしれない。そして架空の人物をいっぱい詰め込んだために、実年代すらすっかり判らなくなってしまったのである。

顕宗・仁賢の物語については、北郷美保氏の卓抜の研究(31)がある。北郷氏は、仁賢・顕宗は兄弟でもなく、市辺押磐皇子の子でもないという。思い切った発言であるが、そうなると誰の子供なのであろう。仁賢・顕宗兄弟の姉だか、叔母だかに当たる飯豊皇女という女性があって、清寧天皇のあと、皇位に即いていたらしい。この女性が、仁賢・顕宗の兄弟を招き寄せて、市辺押磐皇子の子だと証言したらしいが、もしこの兄弟が市辺押磐の子でないとしたら、何と証言したのだろう。そして世人もこの兄弟を皇族と認めたからこそ、天皇にも即《つ》けたのであろう。しかしこの兄弟の父親となるに適当した皇族は、ちょっと考え及ばないのである。

顕宗の方は子供もなくて没したのだから、架空の人物でも差し支えないが、仁賢の方は雄略の娘と結婚して七人の子を儲《もう》け、その一人、手白香皇女は継体の皇后になって、継体の即位を助けているわけだから、問題は重大である。もし手白香が皇族でなければ、女系によって前代と繋がるという道も怪しくなるわけである。

清寧、顕宗、武烈の三代の実在はおそらく怪しいと思われる。しかし仁賢天皇は多分実在の人であろう。そして市辺押磐の子であることが不合理ならば、だれか判らないが、他の皇族の子なのであろう。ともかく当時の人々の承認を得て天皇になり、雄略天皇の娘を貰って子孫を残したのである。この場合もやはり女系の助けによって、天皇家を嗣いだといえるのかも知れない。

要するに継体紀の年代がかくも混乱しているのは、その前代の得体の知れない連中を、すべて実在の人として受け入れたためであると言えるかと思われる。

第八章　朝鮮半島との関係

『日本書紀』継体天皇の六年冬十二月の記事に、「百済、使を遣《まだ》して調《みつぎたてまつ》貢る。別に表《ふみ》たてまつりて、任那国の上哆唎《おこしたり》、下哆唎《あろしたり》、娑陀《さだ》、牟婁《むろ》の四県を請ふ」とある。

これは、なかなか判断がむずかしい事件である。

任那《みまな》は大体、今の慶尚南道にあたる地域であるが、小国が分立して、統一国家が成立せず、六世紀に新羅か百済に併合された。しかしそのはるか以前に日本の勢力範囲に組み込まれたことがあるかの如き記述が『日本書紀』に見える。また高句麗の広開土王碑にそれを裏書きする碑文があるという。しかし山尾幸久氏(32)は詳細に『書紀』を再検討して、そのような事実は発見し得ないと断言した。また広開土王（好太王）碑文も、倭軍が高句麗の手強い敵手だとは書くが、朝鮮半島にその領土があったとは言わない。韓国の学者たちは、そのようなことは、考古学的にも、文献的にも全く見出し得ないという。私もまたそう思っている。しかしこの継体六年条は、従来倭国の領土だった所を百済に返してくれという意味にも取れる。いったい日本に占拠された土地が南朝鮮にあったのか。

私は、日本と韓国とは、二〇〇〇年以上の長いつきあいがあったと考えている。その間には戦火を交えた時期もあったが、その大部分は平和な日々であったと思う。そして今は双方の人が忘れているようだが、両方の人が自由に往来してきた期間も長かったのである。ことに弥生時代の開始以来、税関も国境警備員もいなかった時代、双方の往来は全く自由であった。例えば金海会峴里《かいけんり》貝塚は、貝塚のほか支石墓や箱式石棺を出している複雑な構成だが、弥生前期末の甕棺も出土しているから、日本人が参加していることは疑えない。おそらく九州から海を越えて渡り、現地の人々と共同の生活を営んでいた遺跡であろう。

また朝鮮半島から多くの人が日本に渡って来たのである。それは一年に平均千人以上、およそ千年間に百万人に上ると計算する人もあるくらいである。[8][9][10] 特に日本の支配階級になった

写真17　広開土王（好太王）碑
（中国集安）

人に、南朝鮮から渡ってきた人が多かったように思われる。その人の中には、何らかの権利を携えて来た人もあったであろう。例えば鉄を輸入する権利などである。それが何百年も経って、返してくれと言い出す人も出てきたのではないか。

写真18　金海会峴里貝塚と支石墓

継体天皇の系図を子細に見ると、父系も母系も皇別と称しているが、渡来系の血もはいっているようである。ことに母方の祖母は、用字からみて朝鮮系の人のように見える。当時それは、むしろ先進的・進取的なことであったのである。継体を迎え入れようとした人々の間では、そうした点をむしろプラス思考として受け入れたことであった。

さて継体は百済からの返還要求に対し、何と答えたか。彼はまず役人の意見を聞く。在外官の穂積臣押山が答えるには、

「あの四県は百済に近く、朝夕に通うことができますが、日本からは遠くてなかなか行くこともできません。

百済に返して一つ国とすれば、しっかりと堅いよいはかりごととなりましょう。これ以上にすぐれた解決法はありますまい」。

と答えた。大連の大伴金村もこの意見に賛同した。継体はこうした意見を受けて、返還の意を固めた。

しかるにもう一人の大連の物部麁鹿火《もののべのあらかひ》の妻は、

「昔、住吉の大神が、初めて海外の金銀の国の高麗・百済・新羅・任那等を、胎《はら》の中の誉田《ほんだ》天皇（応神）にお授けになりました。そこで息長足姫尊《おきながたらしひめのみこと》が大臣武内宿祢と共に国毎に官家を置いて、海外の藩屏《はんぺい》として長い歳月、守り伝えて参りました。もしこれを他の国に賜るならば、神の御心に違い、人の世の謗りを受けることになりましょう」

と述べた。この頃、神功皇后伝説がこういう形で成立しているとは思われないので、こうした発言があるべきはずはないのであるが、いつの世にも、国粋的・保守的な考えの人はいるものであるから、こうした意見もあり得たのかも知れない。

それに対し夫が、「お前の意見はもっともであるが、おそらく天意には叶《かな》うまい」と難色を示すと、「病気と称して、相手方に告げる役目は、お引き受けなさらない方が宜しゅうございます」と奨めた。天皇はそこで、使者を代えて詔を伝えた。

ところが天皇の長子・勾大兄皇子《まがりのおおえのみこ》はこのことを聞いて大いに驚き、令を出して、「応神大王より代々伝えてきた海外の権益を、た易く隣りの国に渡してよいものでしょうか」と抗議を申し出た。しかし時すでに遅く、百済の使者は、

「父の天皇がよいとおっしゃったことを、息子が異議を唱えてよいものではありません。大きな杖で叩くのと、小さな杖で叩くのと、どちらが痛いか判りそうなものじゃありませんか」と言って、受け付けなかった。勾大兄皇子は北陸の高向《たかむこ》で生まれ育ち、新羅の方に近いので、親新羅的な雰囲気の中で生い立ったのであろう。それと、地方豪族の出身であったので、中央豪族の意見と多少相違していたのかも知れない。親百済政策をとれば、直ぐに見返りが期待され、それが中央豪族を潤すことになるのが、気に入らなかったのでもあろう。継体の政権はいろいろな勢力の寄せ集めであったから、やはり内部で意見の相違が現われやすかった。

さて継体七年十二月には、百済の使者が、新羅や安羅や伴跛《はえ》の使者とともに、己汶《こもん》・滞沙《たさ》の地を百済に賜らんことを願い出てきた。願いの通りに賜ると、たちまち伴跛の国が滞沙を自分の国に求めてきた。

前に要求してきたのは返還であったが、今回は支給であるから、趣旨が全く異なっている。また己汶・滞沙は、蟾津江《せんしんこう》の河口付近というから、昔の任那の境域とは大分隔たっている。

表2　日韓関係年表（重複記事）（『朝鮮学報』二四の笠井倭人氏論文に拠る）

七年夏六月、百済、穂積押山臣を通じて、伴跛の己汶を乞う。 九年春二月、百済の使者文貴将軍等、罷《まか》らんと請う。仍りて勅して物部連（闕名）を副えて遣わす。 七年冬十一月、朝廷に百済・斯羅・安羅・伴跛の使者らを引列し、己汶・滞沙を以て百済国に賜う。是の月に伴跛国、珍宝を献って己汶の地を乞う。而るに終に賜らず。 （八年）三月、伴跛、城を子呑・帯沙に築き、烽候《とぶひ》・邸閣を置きて日本に備う。 是の月（九年二月）に沙都嶋に到りて、伴跛の人恨みを懐き毒をふくむと聞き、物部連、舟師五百を率て直に帯沙江に詣《いた》る。 夏四月、物部連、帯沙江に停まること六日。伴跛、師を興して往きて討つ。衣裳を逼《せ》め脱ぎ、もてるものを却掠し、尽く帷幕を焼く。物部連ら怖じ畏れて逃遁る。僅に身命を存して汶慕羅《もんもら》に泊る。	二十三年春三月、百済王、穂積押山臣に謂《かた》りて曰く。「夫れ朝貢の使者恒に嶋曲《みさき》を避《さ》るごとに風波に苦しむ。茲《これ》に由ってもてる所のものを湿《うるお》し、全壊《すでにそこな》いてみにくし。請う、加羅の多沙津を以て臣が朝貢の津路とせん」と。 是の月、物部伊勢連父根・吉士老等を遣わし、津を以て百済王に賜う。是《ここ》に加羅の王、勅使に謂って曰く「此の津は官家置きてより以来、臣が朝貢の津渉《わたり》とす。安ぞ輙《たやす》く改めて隣の国に賜うを得ん。元の封ぜし限りの地に違《たが》う」と。 是に由って加羅、儻を新羅に結びて、怨みを日本に生ず。 勅使父根等、斯に由って、まのあたり賜うを難しとして大嶋に却き還る。別に録史を遣して果して扶余《くだら》に賜う。

それにどういう根拠からか判らないが、百済と伴跛と両方が欲しいと言うので話がややこしくなった。

継体二十三年にも、百済と加羅（今回は加羅になっている。加羅は高霊、伴跛は星州で元来別地のはず）の双方から要求があり、結局百済に与えたが、そのため伴跛が反抗的となり、使者の物部氏に暴行を加えたという。

百済史に詳しい笠井倭人氏(33)は、表2に掲げた対照表により、これは重複ではなく、一回の事象を年代を間違えて二回に分けて記してしまったのだと言う。表2の上段は百済の史料、下段は国内史料に拠るものである。この問題は複雑なので、上段は三年に亙っているが、継体九年が、同二十三年と対応すべきものなのである。その差は一四年も開いている。

ところで百済には、三国史記系と三国遺事系と二つの年代表があり、どちらも細部に異同があり、さらに治世年数によるものと、即位干支によるものと、二種の史料があり、合計四種の年代史料があるという。滞沙割譲事件について言えば、継体九年は三国遺事即位干支によれば五一三年、継体二十三年は三国遺事治世年数にとれば五二七年であるが、聖王三年という点では一致しているという。

近年発見された武寧王陵の墓誌によって、武寧王の薨年は五二三年と決定し、朝鮮史にも絶対年代の定点が与えられることになった。

それをこの問題にも適用するとすれば、滞沙の割譲は五二七年と考えるのが実情に近そうである。

しかし田中俊明氏[34]は、継体七年条と二十三年条とは、対象となった地名が遠く隔たっているることを理由に、両者は重複と考えるよりも、別件と考えた方がよいとの説を立てられている。この説によれば、本来加羅の領地であった多沙津を百済が奪い取ったため、加羅が返還を要求したということになる。笠井氏・田中氏両説とも一理があると考えられ、この問題の解明は、現在の筆者の力では荷が重すぎるので、将来の課題としておきたい。

第九章　継体の親百済政策

朝鮮半島には昔から、高句麗、新羅、百済の三国が並び立っていたが、軍事的には百済が一番弱かった。その百済が、継体興起のはるか前、雄略治世の四七五年、突然高句麗に攻められて、首都漢城を攻め落とされ、ほとんど亡国の悲運に遭遇した。

この時の百済王は蓋婁王《こうろおう》であったが、すでに老齢でこの打撃に堪えきれず、間もなく世を去った。子の文周王が跡を継いだが、百済再建の道は険しかった。文周王は刺客の手に倒れ、その子三斤王がわずか十三歳であとを継いだ。その報を聞いた倭王雄略は、以前から日本に質として来ていた蓋婁王の弟昆支《こにき》の子牟大を呼び出して、

「貴君はこれから百済へ帰るのだ。かの十三歳の小児は、文周王を弑した逆臣の解求が勝手に立てたもの、断じて許すわけにはいかぬ。貴君には勇猛の士五百の護衛をつける。行って解求を誅し、百済の王となれ」と命じた。

牟大はこのとき十八歳であった。わずか五百の兵士によって、百済の王になれるものかどう

か判らなかったが、雄略の命令に逆らうこともできなかった。雄略の腹は直ぐ判った。それだけの兵力で百済に傀儡《かいらい》政権を作ろうというのだ。

　しかし少年牟大は果敢に立ち振る舞い、ついに百済の王となり、東城王と称した。東城王は倭国の恩義を感じてはいたが、その傀儡となることは欲しなかった。彼は倭国の護衛兵を返し、一人立ちの道を選んだ。だが寵姫の杏花の死後、酒色に耽るようになり、政治も乱れていった。

　東城王には、武寧王という異母兄があった。日本へ質として赴く途中、九州の各羅《かから》島において生まれたので、嶋君、または斯麻王と言った。この人が人気の落ちた東城王を暗殺して王位に上り、武寧王と称した。和歌山県隅《す》田《だ》八幡宮の鏡には、武寧王から継体に宛てたメッセージがあると、山尾幸久氏[27]は言う。継体と武寧王とは、同時代の君主として、互いに交渉を交わしあった。山尾氏によれば、この鏡の銘文は、癸《き》未《び》の年をもって始まり、それは西暦五〇三年にあたるという。山尾氏による銘文の解読は次のようである。

「癸未年八月、曰十大王年、孚弟王在意柴沙加宮時、斯麻念長奉、遣開中費直穢人今州利二人、尊所白上同二百旱所(作)此竟」

　この釈文で、「曰十大王」はオシ大王と読む。十は朝鮮語の発音で「シ」であるから、これでいいと思われるが、顕宗天皇のこととするのには賛成しがたい。顕宗はやはり非実在と考えるからである。

ふつう「男弟王」と読まれる三文字を山尾氏が「孚弟王」と読んだのは、卓抜の見解であ

写真19　武寧王陵（韓国公州市）

写真20　四面山で囲まれた公州（熊津）の街

る。これを継体のこととするのは、斯麻を武寧王とするのと同様に賛成である。継体と武寧王とが早くから互いに認め合っていたということは、あり得ないことではないと思われる。

要するに、継体の親百済路線というものは、早くから決定していたようで、それに対して武寧王の方でも、五一三年には早くも五経博士を送りこんで、親交の意をあらわしている。かく両君主の意がよく合って、親交が軌道に乗って行ったことは両国にとって幸いであった。五一七年には、また五経博士が来日して、前任者と交代した。五二三年には武寧王が六十二歳で世を去った。

武寧王は百済末期の英主であった。高句麗の南進によって公州に都を移した百済は、主として南方地域を開拓して、国力の回復に努めた。全国を二十の地域に分けて、それぞれに担魯と称する地方長官を配備し、行政と軍事の全責任を持たせた。

これまで全羅南道、全羅北道の方面は全くの田舎であって、土地と人民を掌握する何の組織もなかった。それが担魯組織を導入してから、税金もはいってくるようになり、それととも に却って人口も増え出した。

武寧王によって、百済は再生の途を辿るようになった。

武寧王がなくなっても、五経博士など文化の使節が滞るということはなかった。

もともと百済は早くから中国南朝に朝貢していた。南朝は元来漢民族の文化を継承していて、北魏など遊牧民族が建てた北朝よりは、文化のレベルが高い。もっとも信仰心が基本となる仏教美術に関しては別であり、これは質朴な北朝の方がより適しており、雲岡の石仏など世界に比類ない石窟芸術を産み出した。しかしその他の文化面、哲学、文学、工芸などの各部門では、南朝の方の水準が高かった。日本も南朝に朝貢していた時代もあったが、朝鮮諸国よりも待遇が低かったこともあって、あまり永続的でなく、吸収しえた文化は限られたものでしかなかった。百済から五経博士などが来て、日常的・永続的に接し得られるようになると、その影響は深く日本に根ざすようになった。日本が原始国家の域を脱して古代国家の仲間入りをするようになったのは、この頃からではなかったかと思われる。

なお武寧王陵の武寧王を葬った棺には高野槇《こうやまき》が用いられていた。コウヤマキは朝鮮半島には生育しない樹木であるから、これは日本から運んだものに相違なく、おそらく継体天皇が贈ったものであろう。日韓の交易において、鉄などの見返りとして日本から何を運んだかは、いろいろ議論されているが、近年は翡翠とか木材とかが有力と考えられている。武寧王の棺もその一例となるが、また継体の友情を示すものでもあろう。

このほかに、見返りとして塩を考える説もある。もしこれが実証されれば、越前・若狭と朝鮮半島との深い交渉に有力な一根拠を与えることになるだろう（45〜48頁参照）。

もっとも百済も何の見返りもなしに文化使節を送り込んで来たわけではなかった。見返りとして求めてきたのは、大部分は軍事援助であった。高句麗や新羅相手の戦争は間断なく続いていて、もともと軍事的に弱い百済としては、兵力の補給が必要であった。継体の方は大抵求めに応じて、部将や兵員を派遣した。そういう人たちが残したものが、今も百済の領域に数多く残る前方後円墳であろう。部将たちは古墳を残せるほどに出世したが、故郷に帰ることは許されなかった。彼らは、断ち切れぬ望郷の思いを前方後円墳や埴輪に託したのではなかったか。

写真21　月桂洞１号墳（韓国の前方後円墳）（韓国光州市）

写真22　同出土埴輪

第十章　近江毛野の登用

近江毛野なる人物がいかなる人であったかはよく判っていない。近江の出身であることは、その名前から明らかであろうが、それ以外はほとんど判らない。森浩一氏(28)は、近江町（現、米原市）の山津照神社古墳の被葬者ではないかと推考しているが、大津の方の豪族と推定している人もいる。私の考えでは、まず息長グループのメンバーの一人で、息長グループの強い推《すい》挽《ばん》によって登用されたのであろう。近江毛野の朝鮮半島における供人のひとりに、河内馬飼首御狩という人物があり、これはいうまでもなくかの河内馬飼首荒籠の一族であろう。この荒籠が継体登場の場面で一役を演じたのは、多分その前から息長グループとも親しかったためだろうと私は考えているのである。

さて継体二十一年（五二七）という年に、突然、近江毛野は六万という大軍の将に任命されて、南朝鮮に渡り、新羅に破られて滅んだ南加羅を復興せよとの命令を受けた。藪から棒のことで、読者の大部分はお解りにならないことと思う。

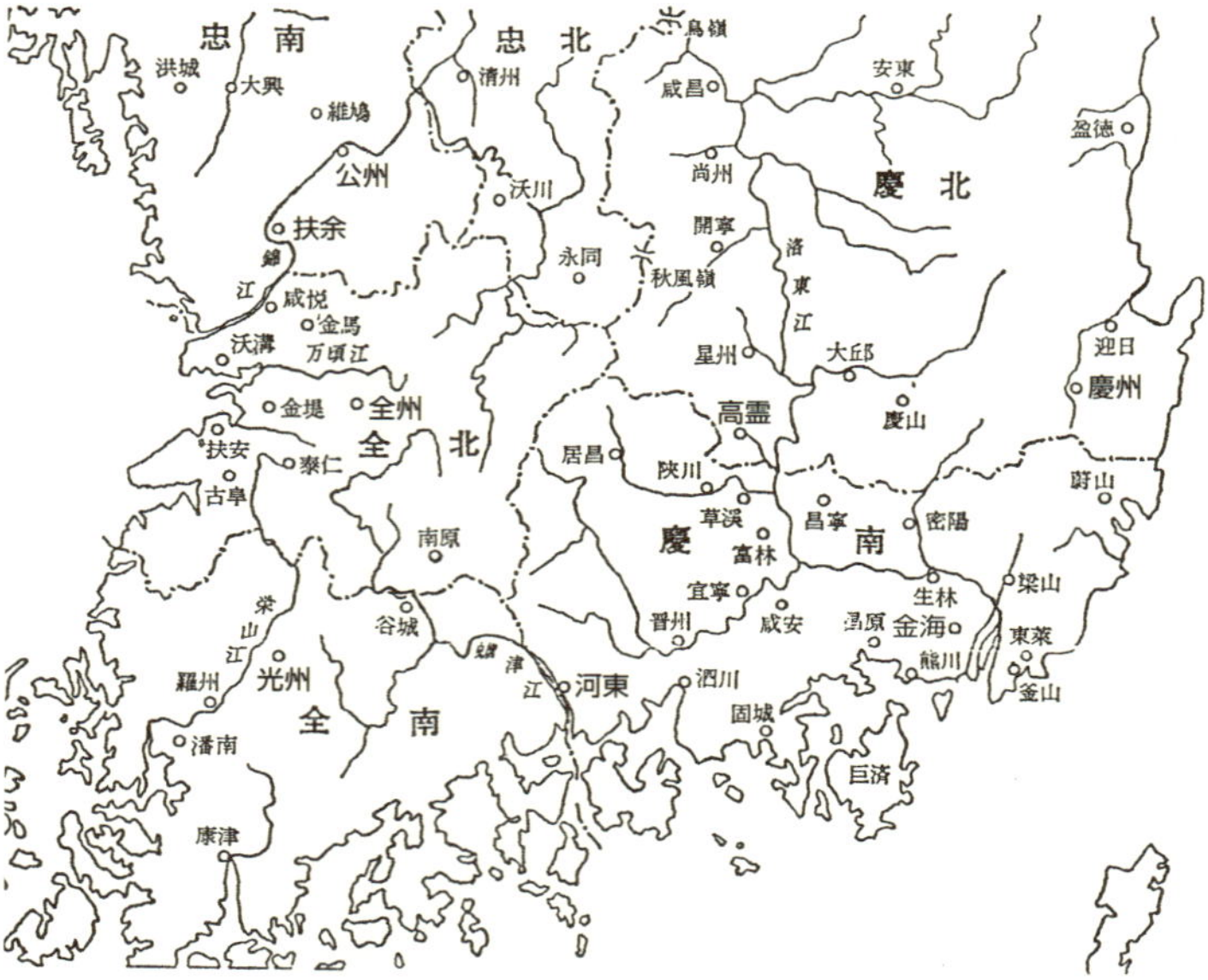

図８　朝鮮半島南部（山尾幸久『古代の日朝関係』より）

南加羅は今の金海市で、朝鮮半島南部の中心都市の一つである。そのあたりは、加羅とも任那ともいい、小都市がいつまでも独立を守り、新羅にも百済にも属せず、朝鮮半島統一の障害ともなっていた。日本とは比較的友好関係を保ち、鉄の産地であるところから、日本の生存にとっても重要な地域であった。任那地域は大体南北の二部に分かれ、南の方は金海が南加羅として中心となり、北の地域は高霊が大加羅としてその中核となっていた。

ところが次第に国勢を高めてきた新羅が、南加羅の方に触手を伸ばし、五三二年に遂にこれを滅ぼして、併合してしまうのである。ところが不思議なことに、五二七年に毛野が受けた命令では、南加羅を復興せよとのことであるが、そのときにはまだ滅亡していない。とすれば、「継体紀」にかなり多い年代錯誤の一つなのであろうか。それとも今にも滅亡しそうであるから、それを予防せよとのことなのであろうか。

ところがさらに奇妙なことには、新羅が筑紫の国造・磐井に軍資金を送って、毛野の軍を防ぎ止めよと依頼したというのである。この時、磐井はすでに反乱に踏み切る決意を持っていたのかも知れない。もしそれに相違なければ、毛野は自分が率いる六万の大軍を率いて、まず磐井を攻撃すべきであったろう。ところが毛野はそれをせず、あらたに将軍に任命された物部麁鹿火《あらかひ》に磐井の征討を任せている。その間、毛野の六万の軍勢は何をしていたのか、さっぱり解らない。それとも、その六万の軍は九州で徴募するつもりの軍で、まだ実質はなかったのか。

さて磐井は毛野に向かって言った。

「今こそお主は使い人であるが、昔は我々と同じ仲間で、一つ釜の飯を食い合った仲ではないか。どうして使者となって我が前に立ち、我に頭を下げさせるのか」

これでみると、毛野と磐井は昔からの友達であったようであるが、九州育ちの磐井と近江生まれの毛野が、何でそのようなことがあり得たのか。

山尾幸久氏(35)(36)によれば、磐井がまだ若い頃、「靫大伴《ゆげいのおおとも》」として大王の身辺に奉仕したので、その頃毛野と知り合ったのであろうと考えられている。この山尾氏の説は合理的であろう。

ともかくこの磐井の乱には、判らないところが多くあるが、それは次章に譲って、毛野が朝鮮に渡って後に話を進めよう。

毛野が果たして六万の大軍を率いて朝鮮に渡ったかどうかは疑問である。新羅の名将伊叱《いし》夫《ふ》が三千の兵を率いて毛野に会いたいと言ってきたのに、伊叱夫を懼れて会わず、その間に、金官ほか三つの町を掠め取られてしまった。これが南加羅の滅亡にほかならない、との説もある。すなわち毛野は全く使命を果たせなかったわけである。

しかし毛野も全く軍兵を引き連れずに行ったわけではない。日本人と朝鮮の人との混血児がたくさんできて困ったと史書にあるからである。昔も今も軍隊を連れて他国へ行けば、ろくなことを起こさずにはいないものなのである。しかも毛野は、その子たちを判定するのに、誓湯《くがたち》という乱暴な方法を行なった。熱湯の中へ手をつっこんでも、正しいものは皮膚を冒されないというのだったが、そのような非科学的な裁判があってよいはずはなく、熱傷により命を落とすものが少なくなかった。継体はこの行状を聞いて毛野を召し帰そうとしたが、毛野は応じなかった。

そこで調吉士《つきのきし》というものが、日本へ帰って、近江毛野の性格を具《つぶさ》に言上した。

「毛野臣の人となりは、傲慢で、政治に慣れておりません。加羅に混乱をまき散らして、多くの人々に迷惑を与えております」。

ここにおいて、遂に毛野は召還されることになった。対馬まできて病にかかり没した。遺体は船に乗せられ淀川を遡って、枚方《ひらかた》から川船に乗りかえて、近江に戻って来た。謎の人物毛野も遂に故国に骨を休めたのであった。

第十一章　磐井の乱

磐井《いわい》の乱はおそらく継体の治世中に起こった、最大の国内の事変であった。『日本書紀』はいう。

「是《ここ》に筑紫の国造《くにのみやつこ》磐井、陰《ひそか》に叛逆《そむ》くことを謨《はか》りて、猶予《うらもい》して年を経《ふ》。事の成り難きことを恐りて、恒に間隙《ひま》を伺ふ。新羅、是を知りて、密に貨賂《まいない》を磐井が所《もと》に行《おく》りて、勧むらく、毛野臣の軍を防遏《た》へよと。是《ここ》に磐井、火《ひのくに》・豊《とよのくに》、二つの国に掩《おそ》ひ拠りて、使修職《つかへまつ》らず」と記す。

この乱については、判らない所がたくさんある。

(1)　まずその正確な年代が判らない。起きたのは継体の治世中でも、終息したのは次の安閑天皇の代であったのではないか。

(2)　磐井は新羅の勢力と本当に連携をもったのか。

(3)　近江毛野は何故自らの率いる六万の兵をもって、磐井を鎮圧しようとしなかったのか。

(4)　近江毛野と磐井とは前からの知り合いだったのか。

(5)　磐井は筑紫の国造であったのか。

(6)　磐井征討軍は物部氏のみであったか、それとも大伴・物部両氏であったか。『日本書紀』は物部麁鹿火ひとりを将軍として派遣し、『古事記』は麁鹿火と大伴金村の二人を派遣したことになっている。

(7)　磐井の子葛子《くずこ》は何故死を免れたか。

ざっとさしあたっても、このくらい疑問点が噴出する。いくら古代の事変にしても、こんなに疑問が多いのは珍しい。

(1)は「継体紀」全体に関係する大きな問題であるので、後回しにして論じたい。

(2)も大きな問題であるが、前章に述べたことと関連している。この時、新羅は南加羅を併合できるかどうかという大きな課題を抱えていた。当然あらゆる線を辿って、自国の有利を図ったに違いない。故に磐井を抱き込むことは当然あり得たと考えるし、磐井にとってもそれは有利なことであったに違いない。

(3)　前章にも述べたが、これが不思議なところである。ただここには年代の錯誤があるようである。南加羅の滅亡は五三二年のことであるから、五二七年にはまだ滅亡していない。したがって毛野の使命としては、これから九州で兵隊の徴発をはじめて、ゆっくりと南朝鮮に向かおうとするところではなかったか。年代としては、五二九年か五三〇年頃を考えたいところである。しかし争乱のさ中での兵士の徴発は困難を極めたであろう。

(4) この問題は前章で触れた山尾氏の意見でよいと思われる。

(5) 山尾幸久氏(36)は、磐井は国造ではなかったと言っている。九州では国造制は七世紀になってからだというのである。私は山尾氏の識見の多くに服するものであるが、国造の設置は地域によって、かなりの差があるものであるから、磐井が国造であった可能性もあるかも知れないと考える。

(6) これについては板楠和子氏(37)の研究があり、戦後における物部氏と大伴部の関係部民の数を調べ、物部の圧倒的に有利な状況にあることを報告している。したがって物部氏が主将として従軍したことは疑いないとしながら、大伴金村も補佐的に従軍したかも知れぬとしている。この問題は、『古事記』において、物部・大伴両将の名を挙げるものの、『書紀』は物部一人のみの名を挙げているのが不審である。しかし継体二十一年の詔においては、「在昔《むかし》道《みち》臣《おみ》より、爰《ここ》に室屋《むろや》に及《いた》るまでに、帝《きみ》を助《まも》りて罰《う》つ」と大伴氏の祖先の功業を賞揚しているから、大伴氏の関与も否定しにくい。板楠氏の判断は穏当なところかも知れない。

(7) 戦後処理として、磐井の子・葛子《くずこ》は、糟屋屯倉《かすやのみやけ》を献上して、死罪を免れたという。これほどの大乱を起こして、どうして簡単に死を免れたのであろうか。

磐井の乱は九州の独立戦争であるともいう。それならばその乱が挫折したとき、九州の独立は頓挫したか。

写真23　岩戸山古墳の石人

ところが意外なことに、九州の独立はなお続いていった如くである。

磐井の墓、岩戸山古墳は全長一三五メートルの偉容を今も誇っている。しかもこの古墳には別区という、畿内の古墳にない特別の施設を備えている。そこは磐井が裁判を行なった場所であるという。

さらに石人石馬という特殊な副葬品もある。それは本州以東の埴輪と、著しい対照をなしている。

その上、装飾古墳というものもある。古墳の墳丘下に絢爛豪華な壁画を描いて、古墳の主を荘厳《しょうごん》している。

私は何年にも亙って九州各地の装飾古墳を見て廻ったが、ほとんど畿内の古墳とは、別の国を歩いているような感じであった。

　このように、敗戦にも拘わらず九州独立王国の感があるのは、どういうわけであろうか。ヤマトもエネルギーを使い果たしたのであろうか、それとも別の理由があったのであろうか。

　一つには、九州については屯倉政策でもって十分であるとの自信があったのであろう。継体は屯倉政策を、九州のみならず日本全土に拡げて行くつもりであった。さらにもう一つ、高霊を中心とする北加羅の問題があった。

　高霊の王・己能末多干岐《このまたかんき》はわざわざ来日して、新羅の西進を食い止めるため、援軍の派兵を要請した。このとき継体は直ぐには承認せず、朝鮮にいる近江毛野に訓令を送るに留めた。しかしその後、継体は考え直す。それから約三十年、高霊（大加羅）問題は、日朝関係の中心となっていくのだ。新羅から来た嫁を送り返してまで、日本に心を寄せて来た高霊国王を見放すわけにはいかなかった。そのためにも九州はある程度自立していって貰わねばならないのだった。

写真24　熊本県チブサン古墳（装飾古墳）

葛子ももちろん生きて働いて貰わねばならなかったのである。これが九州が比較的自立を保ちえた理由であろうと思う。

さらに後で今城塚古墳の章で触れるように、九州と継体勢力との間には何らかの交流関係があったようである。それは今後の研究課題となっていくであろう。

第十二章　辛亥の変

「継体紀」は奇妙な結末を迎える。

「或る本に云はく、天皇、二十八年歳次甲寅に崩《かむさ》りましぬといふ。而《しか》るを此に二十五年歳次辛亥に崩りましぬと云へるは、百済本記を取りて文を為《つく》れるなり。其の文に云へらく、大歳辛亥の三月に、軍進みて安羅に至りて、乞乇《とく》城を営《つく》る。是の月に、高麗、其の王安を弑《ころ》す。又聞く、日本の天皇及び太子・皇子、倶に崩薨《かむさ》りましぬといへり。此に因りて言へば、辛亥の歳は、二十五年に当る。後に勘考《かむが》へむ者、知らむ」

そもそも継体は甲寅の歳（五三四年）に崩じたということだった。ところが、『百済本記』を検したところ、「日本の天皇および太子・皇子が倶に崩薨」と記してあるので、これによって、辛亥の歳（五三一年）に崩ずと記した、とのことだ。

一国の天子の崩を記すのに、余りに安直な決め方のような気がするが、先進国の百済の記述にまず従って置こうというところであろうか。それよりも、日本の記録の方が余りに頼りなく史官の眼に映ったのであろう。

「継体紀」はこれまでも、絶えず年代の錯誤に悩まされたわけであるが、その最後にいたって、最大のミステリーに突き当たったことになる。しかもこの問題は、それのみに留まらず、安閑への譲位にも絡まって来る。

継体の長子勾大兄《まがりのおおえ》は、なかなか英気颯爽たる貴公子であったらしく、百済への割地問題のみに留まらず、ときどき父の施政に突っ込んで直言することもあったらしいが、それだけに父の愛着も深かった。おそらく満廷みな敵と言ってもよい継体帝にとって、心許して語れるものは、越前以来苦楽をともにしてきたわが子以外になかったのではあるまいか。それ故、継体七年の詔において、

「朕、天緒《あまつひつぎ》を承けて、宗廟《くにいへ》を保つことを獲て、兢兢業業《おそりあやぶむ》。間者《このごろ》、天下安《やすらか》に静に、海内清《くにす》み平かに、屢《しばしばうること》年實を致して、頻に国を饒《と》ましむ。懿《よ》きかな摩呂古《まろこ》、朕《わ》が心を八方に示すこと、盛んなるかな、勾大兄、吾が風《のり》を万国に光《てら》すこと。……寔《まこと》に汝が力《つとめ》なる。春宮《ひつぎのみこのくらい》に処《い》て、朕を助けて仁《めぐみ》を施し、吾を翼《たす》けて、闕《あやまち》を補へ」

と、わが子を讃美している。

継体の年齢は、記紀の記述に余り隔たりがありすぎて、明らかでないが、おそらくその晩

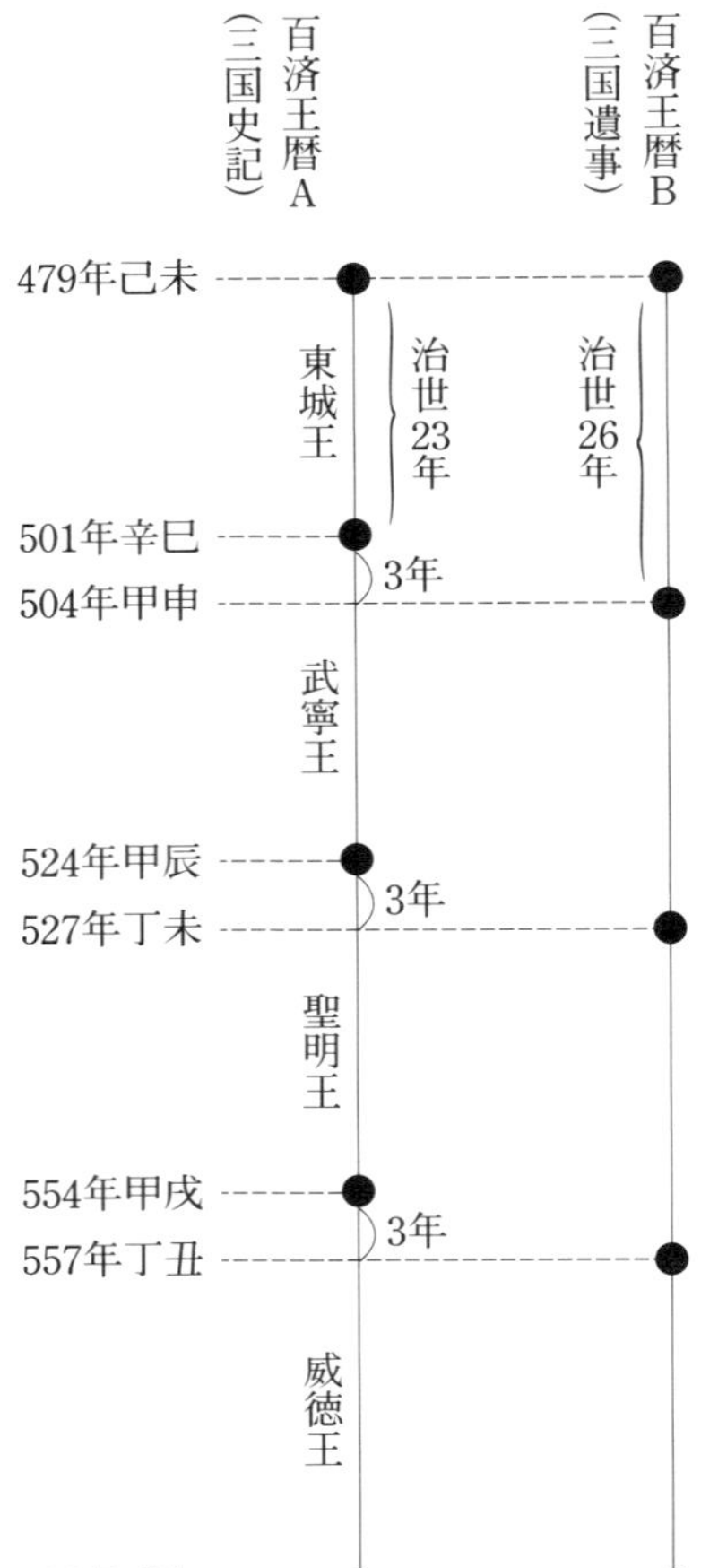

図9　三品彰英による年差の整理（文献41）

年において、六十は越えたであろう。磐井の乱、朝鮮問題など、苦難の日々が続いた頃、勾大兄に譲位の志を起こした。

継体の勾大兄に対する譲位は「継体紀」には記されず、「安閑紀」に記されている。

「二十五年春二月、辛丑朔丁未（七日）に、男大迹天皇、大兄を立てて天皇としたまふ。即日に、男大迹天皇崩りましぬ」

即日崩御とは、よほどの重体であったと見える。

しかし『百済本記』には、さらにショッキングなことが記されていた。「日本の天皇及び太子・皇子、倶に崩薨」とあり、継体の崩年はこれに拠って、辛亥の年（五三一）の崩となっている。太子・皇子がともに死んだとは、よほどの大事件と見える。

図10　継体天皇の崩年関連年譜

西暦（干支）	書紀	記　　事	喜田説		平子説
527（丁未）	継体	継体崩（古事記）	継体		継体
528					安閑
529					
530					宣化
531（辛亥）		継体崩（百済本記）			
532	〈空位〉			欽明	欽明
533					
534（甲寅）	安閑	継体崩（書紀の或本）	安閑		
535					
536	宣化		宣化		
537					
538（戊午）		仏教公伝（元興寺縁起）			
539					
540	欽明				
541					

しかし『日本書紀』では安閑は一緒に死んだことにはなっておらず、甲寅の年（五三四）の即位と記されている。そのため、その間に二年の空位を生じている。譲位によって即位した安閑には、空位などあるべきはずがないが、書紀の編者は敢えてその不合理をも顧みず、外国史料に拠ったのであった。そしてきまり悪そうにつけ加えている。「後に勘考《かんが》へむ者、知らむ」と。

後世の明敏な史家・喜田貞吉[38]は、ここに重大な事変が起きたことを察知し、これを「辛亥の変」と呼び、かつ、かつての法隆寺論争の論敵・

故平子鐸嶺[39]の説を批判した。平子説は継体の存命中に、安閑・宣化対欽明の対立を示唆したものであったが、喜田の新説は実際に二朝の併立を主張するものであった。なお喜田の筆は、その頃取り上げられ始めた今城塚にも及び、これを真陵と強く唱導するものでもあった。かつて南北朝事件に連座した喜田が、この問題を取り上げ、二朝並立を強調したことは、その硬骨を証するものとして、高く評価さるべきであろう。

これを受けて、立命館大学の林屋辰三郎[40]氏はこれをさらに敷衍《ふえん》し、継体の死後、欽明朝と、安閑・宣化朝との両朝対立する一種の内乱を予想したのであった。

これに対し、当時気鋭の笠井倭人[33]氏は、『三国遺事王暦』にやや変わった年建てがあることに着目し、継体の崩年の辛亥（五三一）と甲寅（五三四）に、百済の聖王の即位の年から八年という伝えがあることを取り上げ、両者同じ年を指しているに過ぎないと論考した。笠井氏の師の三品彰英[41]氏は、この論考を評価し、「問題の空位は撰者の机上で作られたものであり、したがって、その上に組み上げられた諸々の卓説も、その推論の妙味に名残りを惜しみながら捨てて行かねばならない」と内乱説に皮肉な引導を渡したのだった。

それから約四十年の歳月が流れ、山尾幸久[32]氏が再び『三国遺事王暦』を取り上げ、笠井氏は、聖王元年は五二七年（丁未）となるというが、何回計算しても、五二六年か五二八年にしかならない。したがって継体崩年が、聖王即位八年という点で一致するという説は誤りであると言い出し、「辛亥の変」復活を説きはじめた。私の考えでは、聖王元年が五二七年になるという計算が間違いで、『三国遺事王暦』に誤りなしという前提が崩れたとしても、『三国遺事王暦』の史料価値が全く失われたことにはならず、三品氏の辛亥の変の否定は早急に過ぎたのではないかと思っている。

しかし山尾氏が、継体の跡を継いで天位を継いだのが欽明であることを強調するあまり、安閑・宣化の即位を否定したのは如何かと思われる。古来、天皇たらんことを望んで失敗した人に、正史上天皇の名が残された例はないのではなかろうか。安閑も宣化も天皇の名で残っている以上、やはり天皇になったのであろう。天皇になれずに幽閉されて一生を終わった人に天皇の名を贈るほど、『日本書紀』が温情的であるとは到底思えないのである。

やはり「辛亥の変」も「二朝並立」も実在したと私は思っている。それほど継体朝は複雑さに満ちていたのだ。(42)

こうした計算の結果、「継体紀」の終わり頃の記事は三年切り下げられている。それによって『百済本記』と合うようになる。それならばそれ以前の記事についてはどうか。

磐井の乱の始まりは、継体二十一年（五二七）になっている。それを三年切り下げたらどうなるか。

継体二十四年（五三〇）となり、南加羅滅亡の二年前となり、ちょうどよい位ではないか。乱が終わって、近江毛野が朝鮮に渡るのが、五三一年。そこで新羅の名将異斯夫と会うのだが、毛野が避けているうちに、南加羅（金海）は滅亡に追い込まれてしまう。

高霊王・己能末多干岐が日本にやってきて、援軍を頼むのが、継体二十三年（五二九）。継体は一度は断るが、後に思い返してひと肌脱ぐ気になる。高霊（大加羅）が滅びるのは五六二年であるから、高霊はそれからかなり長く保《も》ったことになる。

このように、磐井の乱以後の年代は、三年引き下げることによって、ほぼ実際に近くなるのではないかと思われる。

第十三章　継体の人物論

このようにして、継体は波乱の生涯を閉じた。

継体の人物を顧みるとき、幼い日に母に連れられて、高向の実家に帰ったことが、そのすべての出発点だったような気がする。

もちろん豪族のことであるから、日々の食うものに気を遣うことはなかったであろう。しかしいろいろな点で、伯父や祖母に気がねしなければならないことは多かったのではなかろうか。

父がいないことで淋しい思いをしたことも、少なくはなかったろう。そうしたさまざまな思いを糧《かて》として、少年は成長していった。

やがて最初の妻を迎える日が来た。それは母方の親戚で、あるいは従姉妹の少し年上の娘だったかも知れない。

この頃から、オオトは急速に大人になっていった。もう一軒の母方の親戚からと、父方の二軒の親戚からも嫁をもらった。

逞しい、若い男となっていたオオトは、田圃にはいって、農業の指導を行なうこともあった。北陸や近江や美濃などの親戚をたずね歩いて、新しい知識を身につけたり、海外から時にはいってくる新規の技術を覚えたりした。初めの内は親戚の間に限られていた交際の範囲が、次第に拡大していった。越前・近江の枠を越えて、淀川流域までオオトの訪ねる範囲が延びていった。河内馬飼首とか、茨田連小望とか、淀川に近い中小の豪族たちが、交際の輪の中にはいってきた。

ある日、美濃の牟義都《むげつ》国造家を媒介として、尾張の豪族の使いが、高向の家を訪ねてきた。それは尾張連草香という豪族から、娘の嫁入りの打診だった。これには母の振媛も驚いた。それは喩《たと》えれば、五万石の丸岡藩に六十万石の尾張藩から輿入れの相談にきたようなものだった。だがオオトは平然とこの申し出を受け入れた。豪華な道具とともに、尾張の娘・目子媛が越前に嫁いで来た。

次第にオオトの身辺に重みが加わってきているようであった。このあたりでも、今の若い君主（武烈）の悪政ぶりが、人々の噂の種となってきていた。やがてこの人が死んだという情報が届いた。

雪のしんしんと降る寒い日であった。都から大勢の馬に乗った人たちや、徒歩の行列がやってきた。みな寒さに震えていた。頭立った者数人とオオトとの会見が行なわれた。

「私は大連《おおむらじ》の大伴金村と申す者であります。この度、小泊瀬《おはつせ》の大王がお隠れになられました。お跡継ぎのお子さまもおありにならないので、どこからか継嗣《よつぎ》のお方をお迎えしなければならないのですが、中でもオオトの君さまが、仁慈の御心深く、御賢くましますと聞き及んで、はるばる参ったものでございます。この際、天津日嗣ぎをお引き受け頂けませぬものでしょうか」

オオトは端然と胡床《あぐら》に座って黙って聞いていた。金村の言葉が終わっても、一言も発しない。ややあって、重々しく口を開いた。

「それは、私の望む所ではありませぬ。このままお引きとり頂けませぬか」

大伴金村は「意外な」という面持ちをした。

「それでは私どもの心が届きませぬ。もう少しお考えになり、また身内の方とご相談なさりましては、如何でございますか」

「それでは、一、二夜、考えさせて頂きましょうか」

オオトは、大伴金村の言葉にも、「ああ、よく来た」などと飛びついたりはしない。甘い話の後ろには、大抵落とし穴があるものだと思っている。

慎重なのはオオトの持ち味なのである。オオトは急使を立てて、河内馬飼首《おぶと》を呼び出した。首の話によって、この話が陰謀ではないことは了解した。しかし直ぐ立とうとはしない。彼は一応河内の樟葉まで一緒に行って、天皇になる気は示したものの、敵と味方が誰か、彼か、しっかり見極めなければと思っている。

だんだん味方が案外少ないことが判ってきた。大伴金村なる人物からして信頼のおける人間ではない。物部のほうが、いくらか信用できそうであった。もとの権力者、葛城一族などは、てんで姿を現わしもしない。新興の蘇我もそうである。ほとんど皇族の数にも入らぬ田舎氏族めが、と心に思っているのであろう。多くの豪族のはらの内は強い方につきたいとの思いである。この陣容では、まずヤマト入りするまでに、相当月日がかかるであろうと見当もついた。

この見当に大きな狂いはなかったが、思った以上に長い歳月が必要だった。樟葉から筒城に進むのに四年、ヤマトに近い筒城では七年辛抱したが、前途の見通しが立たなかった。

そこで山城の弟国に退いて、また我慢の月日を重ねた。もはやいつ越前に帰ってもよい心境であった。八年経って漸く朗報がはいった。ヤマトの古い大王家のお嬢さんを娶《めと》ることを条件に、遂に妥協の道が開けたのだった。越前を出てからすでに二十年の歳月が流れていた。国の政務は案外面倒なものであった。

朝鮮関係の問題が、意外にも政務の大半を占めた。継体は大部分のことを大臣や大連と相談した。雄略のような専制君主になることは、できもしなかったが、なろうとも思わなかった。会議を開くことは、時間を食うことであったが、大切なことと信じていた。

また百済と仲良くすることは、日本にとって何より大事なことと考えていた。何といっても、日本は遅れている。日本人はものごとを筋道立てて考えることができない。もっと百済から学ばなければいけないのだ。

継体は晩年に回想した。

百済の斯摩王（武寧王）はよい奴だった。子供の時から苦労しているから、やはり違う。一度も会ったことはなかったが、文書だけでも心は通じた。会って話しをすれば、もっと心底を打ち明けて、莫逆の友と言えるようになったであろう。十年ほど前に彼が亡くなってからは、淋しくなった。息子の聖王が跡を嗣いだが、やはり苦労が足らん。もうちょっとが行き届かない。

百済や新羅のような大国ばかりではない、小さな国がたくさん寄り集まっている加羅のような所はさらにむずかしかった。それぞれに言葉も違えば、慣習も違う。ちょっとした言葉の行き違いから戦争にさえなりかねない。大勢の人が自由に行き来して、いろいろの仕事や商売に従事している。そこには手綱《たづな》使いをする有能な役人が必要だった。ところが、その人を得るのが、まことにむずかしい。わしも大失敗をしてしまった。近江毛野という、何とも使いようのない人間を起用したのだった。一度使い始めると、その男が何とか小繕《こつくろ》いして糊《こ》塗《と》するから、根本から修正することができなくなる。毛野の場合も結局やり直しができなかった。わしの朝鮮政策は、結局失敗の烙印《らくいん》を押されたまま終わるのだろう——。

第十四章　今城塚古墳

現在継体の真の墓として、学界の注目を受けているのは、高槻市の今城塚古墳[43]であろう。

今、継体天皇の陵として、宮内庁の指定を受けているのは、茨木市の太田茶臼山古墳である。しかしこれは、いろいろの点でおかしいと言われている。

第一に「延喜式」に、継体陵は嶋上郡にあるとなっているのに、太田茶臼山古墳は嶋下郡に属しているし、それからこの古墳から出る埴輪が、五世紀中頃のもので、五三一年頃崩じた継体天皇の墓として相応《ふさわ》しくないことなどが挙げられている。

このことは、戦前から言われていたのだが、戦時中

写真25　今城塚古墳

写真26　高槻市新池ハニワ工場公園内部

写真27　太田茶臼山古墳（現、継体陵）

は宮内庁の言うことに逆らえないので、鳴りを潜めていた。戦後著しい考古学の進展は、宮内庁も押し止めようがなかった。

一方、今城塚からさして遠くない所に、新池遺跡という大規模の埴輪工房が発見され、A、B、C三つの窯跡群が見出されている。A群は五世紀中頃、B群は五世紀後半、C群は六世紀と考えられている。

この新池遺跡から、現継体陵へも、今城塚へも埴輪が提供されている。さらに手白香皇后の墓と考えられている、奈良県天理市の西山塚古墳にも埴輪が提供されている。それが大体年代順に提供されているという点においても、現在の比定が誤っていないと言えるのではないかと思われる。

しかし現実には、高槻市に何故継体の墓があるのかという問題を、的確に説明するのはむずかしい。継体の住居でもない、生まれ故郷でもないところに、何故墓を作ったか、そこには未だに知られていない何らかの理由があったかと思われる。

さらに現在継体陵となっている太田茶臼山古墳は、一体誰の墓なのか。今の所、説得力のある説はまだ出ていないように思われる。一番有力なのは、継体の曾祖父の意富富等王《おおほと》であろうが、意富富等王とこの地との関連を説明することができないのである。だがそうした幾つかの謎もやがては解明されるかも知れない。

今城塚は陵墓参考地に指定されていないので、盛んに発掘調査が行なわれている。それによって解明されてきたことも少なくない。例えば円筒埴輪の側面に船の絵を描いたものが出て来た。おそらく外洋船と思われるので、海運業の発展に関係した事業もあったのではないかと考えられる。また非常に多数の人物埴輪が出土しているが、殊に武人の埴輪が多い点からも、やはり継体の進出に武力が関係していると言えるかもしれない。

また石棺として、阿蘇のピンク石が運ばれて来ていることや、宮崎県の百足塚古墳の形象埴輪群は、その種類や配置状況が今城塚古墳と似通っていると指摘されている。(44) 九州と激しい戦火を交えながら、実質はそうではなかったのではないか、後ろではちゃんと手を握りあっていたのではないかとも考えられる。とかく古代のことは、単純化して考えがちであるけれど、そんなに単純なものではないぞという気もするわけである。

第十五章　安閑・宣化・欽明の治世

天位を嗣いだと伝えられる継体の三人の息子たちは、どのような生涯を送ったのであろうか。

福井生まれとも伝えられる安閑の英気颯爽たる登場ぶりに、昔から私はすっかり魅せられたものであった。

春日山田皇女との華やかで淋しい恋物語、そして遂に子を持ち得なかった孤立の生涯。『日本書紀』の筆者は何故にかくも安閑に同情を寄せ、美しい歌謡をもって、その寂しい生活を飾ったのであろうか。

譲位を受けた安閑は、『百済本記』の記事に従えば、一日しか生きられなかったはずである。しかるに『日本書紀』の安閑は、その後も平然として生き続けている。殊に安閑二年五月には、筑紫の穂波屯倉を始め、二十六カ所の屯倉の設置が記録されている。それはあたかも天皇制の新しい歩みを誇示するかの如くである。

これについて伊藤循氏は、(45)「安閑は継体の長子であり、即位時は六十九歳であった。この治世わずか二年間に約四十ヵ所にも及ぶ屯倉が列島各地に設置されたとするのは、どうみても不自然だからである。ところで安閑は、大王即位以前から、大和王権の政治に重大な発言力があった。……安閑紀に載せられた多数の屯倉設置記事は、安閑が継体即位当初からおこなってきた内政の成果を、『書紀』編者が一括して「天皇」段階の治績とした結果によるものであろう」と記述されている。

これで見ると安閑は、継体治世の二十数年間、一貫して屯倉設置に努力し、その成果を一括して安閑二年に発表した如くである。なかなか機敏にして有能な政治家であると感服させられる。これに反し、山尾幸久氏によって描かれた安閑像は、継体没後、再起の気力もなくなり、幽閉同様の悲惨な生活の末なくなったと記されている。人間の見方のかくも異なっているのに、ただ驚くのみである。

ただ私は、伊藤氏が『書紀』の安閑の年齢を何の疑問も持たずに使っておられるのが気になる。『書紀』の年齢には問題が多く、大てい信頼できないのであるが、ことに継体の崩年は、『古事記』の崩年と二倍近く食い違っており、到底そのまま使えないものである。継体の崩年に問題があれば、安閑の年齢もそのまま用いられないはずである。数字に信頼がおけなければ、当然記事にも疑いを差し挟むのが当然ではないか。

だが安閑は安閑元年十二月には、武蔵国造家の争いに干渉して、笠原直小杵《かさはらのあたいおき》を殺している。あたかも天皇家の新しい勢威を示すかの如くである。このあたりでは、安閑の気力はまだ十分充実しているように見える。

しかし二年十二月、安閑は後継者なきまま没した。人間の一生は、明日の日が知れないところがある。

安閑の跡を継いだ同母の弟宣化天皇は、いかにも影が薄い。しかし激情的な兄と異なり、おそらくかなり協調的な人だったのであろう。三人の皇女は、欽明天皇の后妃となり、子孫を残した。治世の記事はほとんどない。蘇我稲目を初めて大臣としたのが注目されるだけである。

約八年の安閑・宣化紀の記事が、何故抹消されずに残ったのか。山尾氏の説を信頼するならば、安閑・宣化の記事は抹殺されて然るべきだったように思われるのである。

山尾氏(46)は、最近の講演において、継体の王族説・武力侵攻説を否認し、大和王権が、製鉄事業者としての継体を評価し、これを政体内に受け入れたとの考え方に傾いておられるようである。私はそういう考え方もあり得るとは思うが、それを完全には受け入れられずにいる。大和王権がそういう考えならば、当然安閑・宣化朝も受け入れなければならないと思うのである。継体はよいが、地方出身の安閑・宣化は駄目だというのでは、筋が通らないと考える。第二に、もし大和王権が継体を受け入れたとしたら、継体にもっと自由裁量の余地を与えたはずだと思われる。しかるに継体自身の考えが、施政の中に取り入れられたと思われるものが、意外に少ない感じがする。例えば、越前色などは皆無に近いようである。

私がせっかくの山尾氏の新説を十分理解していないのかも知れないが、「辛亥の変」を認めながら、二朝並立に至らないのはおかしいと考える。継体末期となって、地方豪族と中央豪族との対立は、爆発寸前にまで至っていた。結局地方豪族は圧殺され、平安朝の極端な地方差別にまで行き着いたのだった。

「欽明即位前紀」の狼の説話は何を語るか。この頃余り史家の筆に上ることが少なくなっているが、私はこうした文学的挿話において、往々歴史の真実が語られると信ずるものである。二匹の狼が血塗れになって、相争っている姿こそ、欽明対安閑・宣化の一触即発の状況を語っているのではなかろうか。秦大津父《はたのおおつち》が狼を引き分けて、血まみれの毛を拭い洗って放してやった時、「お陰で命が助かりました」と狼が感謝したというのも、時の氏神を待ち望む第三者の存在を暗示しているのかも知れない。

五三一年の継体の崩後、即位したのは欽明に間違いないという山尾氏に、反論しようとは思わない。それは欽明の治世四十一年という「帝説」の記事や、仏教伝来を欽明七年戊午の年（五三八年）とする「元興寺縁起」の説によって、動かすことはできない。とすれば安閑・宣化の即位を容れる余地がないとする山尾氏の説も一理あるが、余地がなければ、両朝の重なりを認めるべきであろう。しかしそうした対立は、宣化の融和的態度によって、次第に解消に向かい、八年後には両朝合一に至ったものと考えられる。

欽明朝は天皇制の第一次開花期である。継体が重んじた会議尊重の精神は、改変されることなく継承された。蘇我氏の主導によって、吉備の国に白猪・児嶋の屯倉を設置し、屯倉制度も順調に発展しつつあった。

しかし朝鮮の問題はますます混迷し、五六二年に大加羅国（高霊）も遂に滅ぼされるに至った。

高句麗国が初めて国使を遣わして、加賀海岸に到着した。これが高句麗と初めて国交が開けた年であると言われる。五七〇年のことである。

写真28　欽明天皇宮址（奈良県桜井市）

五三八年に、百済の聖王が仏教を伝えてきた。このときは、まだその深い形而上学を理解し得ず、国内に争いを生ずるに至らなかった。

仏教は海外アジア文化の精華である。仏教が伝わって、それが国民多数に広く理解される時となってはじめて、日本は世界文化の水準に達したのである。仏教公伝の年は、昔は五五二年と教えられたが、今は五三八年が一般的となった。

しかしその前、継体天皇の治世第十六年に、梁の人司馬達等が渡ってきて、仏教を伝えていたことを説く人は少ない。司馬達等は、後年飛鳥寺の大仏を作った鳥仏師の祖父に当たる人である。こうした民間説話的な話は、多くの史家が重んじるところにならないが、やはり無視してはいけないと私は思う。このように継体朝が日本文化の祖形を作った事実に、気づいていないことは、まだまだ多そうである。

欽明朝は、継体が築いた天皇制の礎を順調に継承し、発展させた時代と言えるであろう。天皇制は、継体以前に二、三百年くらいの歴史を経てきたであろうが、それはまだあまりに原始的なもので、古代国家の名に値するものでさえなかった。それは例えば雄略の治世に代表されるように、勇猛な専制君主が恣意的にその時の政府を引っ張って行こうとするもので、法律的な基礎すらなかった。継体は、それ以前の王族の血を引いていたかも知れないが、非常に薄いもので、継体の周辺においてさえ、それを重んじるものは少なかった。継体の遺伝子には、朝鮮半島からの渡来者の血もはいっていて、その方の知識を重んずる人も少なくなかった。

継体の政府は百済との親交を基本として、文化の吸収に努めた。それによって、国民の開明度は飛躍的に向上した。また雄略流の専制を排して会議を重んじた。それが「君臨すれども統治せず」という日本式天皇制の基礎となったのではなかったか。それが日本の政治的安定度を高め、千五百年も同一家系による君主制の維持に繋がったのである。

継体の政府は、地方豪族と中央豪族との対立という禍根を内に持っていたために、分裂を途中で食い止めることができなかった。しかし欽明と宣化の間の融和政策によって、それをきわめて短期間で解消せしめることができた。

明治以前の天皇のなかに、独裁を志した君主は極めて稀であり、それが日本天皇制の強みであった。しかるに、明治維新後、憲法の中で「天皇は神聖にして犯すべからず」と天皇の絶対性を強調した結果、軍部独裁に道をひらくことになり、敗残の悲運を招くことになった。これは明治以降の政治家が歴史の教訓に耳を傾けなかった結果である。千五百年前の継体の政治には大いに学ぶべきものがあると信じる所以である。

第十六章　万世一系とは

日本の皇室は万世一系といわれる。日本の天皇制が今後も永く続いていくものとすれば、万世一系は日本の国民にとって好ましいことと言えるであろう。外国におけるような無用の混乱や争いを、未然に避けることができるからである。たしかに中国やヨーロッパの歴史を顧みれば、王位をめぐる争いが、その争乱の大部分を占めていることを見出すのである。

だがしかし、日本においても太古から万世一系ということがあったわけではない。崇神王朝も応神王朝も、わずか数代にして終わりを告げた。永く続き、万世一系の実を挙げたのは、三番目に出現してきた継体王朝のみなのである。では継体が万世一系の思想を抱き、これを宣揚したのであろうか。そんなことはおそらくなかったのではなかろうか。

万世一系の思想が初めて文字の上に現われたのは、『日本書紀』の第一の一書に「蘆原千五《あしはらのちい》百秋之瑞穂国《ほあきのみずほのくに》、是吾子孫可王之地也。宜吾皇孫就而治焉。行矣。寶祚之隆當與天壌無窮者矣（芦原の千五百秋の瑞穂の国は、これ吾が子孫の王《きみ》たるべき地なり。爾《いまし》皇孫《すめみま》、就《ゆ》きて治《し》らせ。さきくませ。天つ日嗣ぎの栄えまさんこと、当《まさ》に天地と窮まり無けむ）」という、いわゆる天壌無窮の神勅として出てくる。

この思想を吟味すると、日本国は自分（天照大神）の子孫が君臨すべき国である、それ故にその王位は天地と同様に窮まりないのだ。という発想になっている。そもそも天照大神の子孫が日本に君臨すべきだというような思想が、一体どこから生じたのか。

それは中国から発生したものではない。中国には、皇帝は天の子であるという考え方はあるが、天の神の子孫という思想は生まれて来ない。

ヨーロッパにもこういう考えは発生しない。イエス・キリストは神の子と考えられているが、その子孫はあり得ないことになっている。

そもそも天照大神なる神格が、初めから上位の神ではなかった。『日本書紀』によれば、天地の最初に生まれてきた神は国常立尊《くにとこたちのみこと》という。「国常立尊が天鏡尊を生み、天鏡尊が沫蕩尊《あわなぎのみこと》を生み、沫蕩尊が伊弉諾尊《いざなぎのみこと》を生む。……凡そ八の神ます。乾坤の道、相参《まじ》りて化《な》る。所以《このゆえ》に男女を成す。国常立尊より伊弉諾尊・伊弉冉尊《いざなみのみこと》に迄《いた》るまで、是を神世七代と謂《まう》ふ」という。

しかし別の伝えもある。「高天原に生《あ》れます神の名は、天御中主尊《あめのみなかぬしのみこと》と曰す、次に高皇産霊尊《たかみむすひのみこと》、神皇産霊尊《かむみむすひのみこと》」

『古事記』によれば、天の神が伊弉諾尊・伊弉冉尊に、「この漂う国を修め固め成せ」と命じたので、二神は天の浮橋に立って、天の沼矛《ぬぼこ》をもって海水をかき回し、滴る潮の堆積から島々を作った。最初、蛭子《ひるこ》が生まれたので、天神に伺いを立てたところ、それは女が初めに発言したのがいけないのだと言われ、改めて男神が先に発言したら、今度は無事島々が生まれ、大八州を形成したという。

伊弉諾・伊弉冉に命令する神があったという神話の構成から見ても、伊弉諾尊・伊弉冉尊が最高神でなかったことは明らかであろう。

その後、伊弉冉尊は火の神を産んだため、陰《ほと》焼き爛《ただ》れて逝去した。伊弉諾尊は嘆き悲しみ、黄泉国《よもつ》に下って伊弉冉尊に会った。黄泉国から帰って、左の眼を洗った時出現したのが天照大神、右の眼を洗った時に現われたのが月読命、鼻を洗った時に生まれたのが素戔嗚尊《すさのおのみこと》であるという。すなわち天照大神らは、伊弉諾尊がすでに妻を失った後に、ひとりで産んだ子供たちである。なぜこの子らが三貴子といわれるのか、さっぱりわけが判らない。

その後、素戔嗚尊が高天原に乱入してきて、いろいろ乱暴を働いたとき、天照大神は武装して素戔嗚尊と対決した。そして素戔嗚尊と誓約《うけひ》して、物実《ものざね》によって子を作ったとき、天照大神は素戔嗚尊の剣から、天忍穂耳尊《あまのおしほみみのみこと》以下五人の男の子を生み、素戔嗚尊は天照大神の八坂《やさか》瓊勾玉《にのまがたま》から、田心姫《たこりひめ》以下三人の女の子を生んだ。だが天照大神は、天忍穂耳尊らは吾が物から生まれたのだから吾が子であると引き取り、田心姫たちは汝の物から生まれたのだから汝の子であると素戔嗚尊に与えた。この天忍穂耳尊の子が瓊瓊杵尊《ににぎのみこと》で天孫降臨の主人公である。

天照大神はいつの間にか高天原の主宰者のように振る舞うようになった。そして血は繋がっていないはずであるが、名目上の孫である瓊瓊杵尊を日本の主権者として下《くだ》すようになった。かくまでも天照大神の権威が高まって来たのは何故であろうか。私はこれまで納得を得るような解釈に接しなかったのであるが、最近ある回答を見出すに至った。それは邪馬台国の女王卑弥呼の存在が天照大神の権威の上昇に影響したというヒントである。

天照大神の存在が卑弥呼に反映しているという説は、往々聞くところである。事実は、卑弥呼の存在が天照大神に反映して、その人格が作られたのである。卑弥呼は三世紀頃倭国に実在した人物であるが、天照大神は実在したのかどうか、はっきりしない伝説的人物である。伝説を反映して実在の人物が作られることはない。

千人の侍女を侍らせ、男弟を用いて邪馬台国を治めた女王卑弥呼、その事績を記した魏志倭人伝は、当然記紀の編者も目を通したに違いない。この人は、わが国の歴史の上で誰に当たるのか、と彼は考えた。そして素戔嗚尊を自由に制御した天照大神のイメージに思い至ったに違いない。天照大神の原型がすでに存在したかどうかを私は知らない。しかし天照大神を高天原を代表するスーパースターに育て上げたのは、間違いなく記紀の編者か、あるいは彼を監督した監修者のいずれかである。

現存する『記紀』が、一回や二回の修正によって出来上がったものとは、とうてい思われない。天照大神の現在の像が確定するためには、さらに大きな加筆が必要とされたであろう。その最後の修正を施した人物こそ、持統女帝にほかならなかったであろう。持統は自らも日本の女王としての体験を通して得た感触を、天照大神の中に感情移入して、天孫降臨にのぞむ天照大神の人間像を書き上げたのである。当時、皇室の天壌無窮を最も切実に願っていたのは、幼い孫の聖武の成長を切に希っていた持統にほかならなかったであろう。

しかし天照大神は事実上、高天原の統治者ではなかった。さすがの持統もこの事実を如何ともすることはできなかった。持統は辛うじて、天照大神を、高天原で最も古い神の一人・高皇産霊尊（高木神）との共同統治者の形に持ち込んだ。瓊瓊杵尊は、天照大神の孫であると同時に高木神の孫でもある。瓊瓊杵尊は、天忍穂耳尊と高木神の娘・栲幡千千姫《たくはたちぢひめ》との間の子だからである。しかるに天照大神は、天壌無窮の神勅において、この事実に一言も触れることがない。幸いに後世は、高木神の名前を全く忘れてしまった。日本の統治者は、天照大神の子孫とのみ記憶され、その統治が永久に続くと信じられたのである。

だが万世一系の神話的信念に最も熱心であったのは、持統の夫・天武天皇であった。天武は『古事記』の筆者太安万侶《おおのやすまろ》にこう語った。

「朕聞く、諸家のもてる所の帝紀及び本辞、既に正実に違ひ、多く虚偽を加ふと。今の時に当りて、その失を改めずば、未だ幾年を経ずして、其の旨《むね》滅びなんとす。斯《か》れ乃ち邦家の経緯、王化の鴻基なり。故惟《かれこ》れ帝紀を撰録し、旧辞を討覈《とうかく》し、偽りを削り実を定めて、後葉に流《つた》へんと欲《ねが》ふ」と。

これは諸史料を公平に検討して、取捨選択を行《おこな》おうとする態度ではない。初めから王家の進路に合うものは取り、合わないものは捨てていこうとする方針なのである。この大綱により、多くの貴重な史料が捨てられ、王室に都合よいものだけが採録されたに違いない。(47) それにさらに持統の加筆も加えられたことであろう。

しかし日本神話の大綱を定めた天武天皇が正当の君主でなかったことは、皮肉な事実である。天智・天武は兄弟ということになっているが、弟の天武の方を年上とする史料が多いところから、実は兄弟ではなかったとする説も有力である。たとえ本当の兄弟であったとしても、甥の大友皇子を殺して帝位に就いた簒奪者《さんだつしゃ》である。簒奪者を正当な君主と呼ぶべきではあるまい。ただ幸いに妻の持統が天智の娘であったがゆえに、天武を除外しても、日本の皇統は持統を通じて天智以前と繋がることになる。ここにおいても万世一系は、保守主義者の厭がる女系によって、辛うじて守られたのである。

しかし事実上、古い日本の統治者は万世一系ではなかった。最初の王統である崇神王朝は五代にして絶えた。次の応神王朝も、十代にして滅び去った。その後を受けた継体王朝のみが、百二代、千五百年の継続を誇っているのみである。

もちろん応神天皇の時代にも、継体天皇の時代にも、天壌無窮の神勅なるものはまだ書かれていなかったであろう。しかし天皇（大王）なるものが神の子孫で永続すべき性質のものであるといったようなことは、伝承されていたかも知れない。応神の頃は何の伝えもないから、はっきりしない。しかし継体天皇の同時代人の心証は再現することができる。それは次のようなものだった。

継体は自ら、応神天皇の五代の子孫だと名乗っている。それには確たる証拠はないが、本人の言うことであるから、一応承認することにしよう。それに本人は、仁賢天皇の娘、手白香皇女を正妻として迎えたことになっている。そうすれば、その間に生まれた皇子は神の裔であることに変わりはない。だから彼を迎え入れようではないか。これが大伴金村を初めとする当時の朝廷首脳部の考えであったことはまず間違いない。

応神天皇の場合にも、ほぼ同じようなことが言えよう。応神天皇と、その前代仲哀天皇との父子関係は非常に疑わしいが、応神が、景行天皇の皇子・五百城入彦皇子の孫仲姫命《なかつひめのみこと》を立てて皇后とすることによって、天皇となることを容認されたらしい。仲姫命は後に仁徳天皇を生んでいる。この場合も「女系天皇」が天皇家の命脈を繋いでいるのである。

このように、天皇家の歴史約千八百年のうち、初めの三百年には疑問の余地があるが、後の千五百年はほぼ一貫して一つの家系が続いていることを認めなければならない。それは他国においてほとんど見ることのできない歴史的事実であることを率直に承認しなければならないと思われる。

今谷明氏(48)は著書『象徴天皇の発見』の中で、称徳女帝の後を承けた天智天皇の孫白壁王の即位（光仁天皇）をもって、「新王朝」と呼んでいる。しかし、光仁天皇は天智からわずか二代の孫であり、その系譜は確実である。これをしも「新王朝」と呼ぶならば、継体の即位は紛れもない新王朝の創始に違いない。我々はむしろその事実を客観的に認め、それ以後千五百年の「一系」を誇るべきではなかろうか。

第十七章　天皇制の現在と将来

昭和十九年の早春、私は旧制高校（二高）の親しい友三人とともに、奈良や飛鳥の野を歩いていた。太平洋戦争が最終段階に入る直前のこととて、行き交う人も稀であった。私たちは飛鳥のとある地点で、雷《いかづち》の丘と名づけられた小丘の麓に立った。そこには柿本人麻呂がここで、

大君は神にしませば天雲《あまぐも》の雷《いかづち》の上に庵《いほり》せるかも

の歌を詠んだことが表示されていた。それは標高二十メートルほどの小さな丘に過ぎず、人麻呂の荘重な歌の調べとはあまりに不釣り合いに感じられた。私には人麻呂の極端な誇張か、あるいは天皇に対する無批判的なおもねりしか汲み取ることができなかった。しばらくして、ひょっとす

写真29　雷の丘（奈良県明日香村）（平成17年撮影）

ると天皇制の実体というものも、この歌程度のものかもしれないぞとの思いも兆してきた。私より少し年上の人たちが、みな天皇の万歳を叫びながら戦死していくという戦争の実態に初めて抱いた懐疑であった。

それとともに私は、人麻呂という歌人に対し、あまり信頼感を持てなくなった。『万葉集』の中で一流歌人といえば、まず額田王《ぬかたのおおきみ》、大泊皇女《おおくのひめみこ》、高市黒人、大伴旅人、山上憶良、山辺赤人、そういった人たちに親しみ、柿本人麻呂や、「海往かば水漬く屍、山往かば草蒸す屍」と詠った大伴家持は敬遠した。

一方では、古代史の本を次々と読んでいった。天皇制はいかにして生まれたのか、あるいはそれがどうしてかくも長続きしたのか、その答えを求めようとした。それが天皇のために命を捧げた、私よりわずか年上の方たちに対する義務のように思えたのである。

しかしそれは一介の医学徒であった私にとって、思いもよらぬ難題であった。それはスフィンクスの謎のように私の眼前にそそり立つ巨大な巌であった。いつしか数十年が過ぎ去り、私も齢八十に近くなった。

幸か不幸か、私が第二の故郷とした福井県は、継体天皇が幼時を過ごし、そこを地盤として天下の主となった土地であった。否応なく私は継体の研究に多くの時間を割き、天皇制に関するいろいろの示唆を読みとろうとした。そこから私は数々の情報を学んだが、それでも天皇制はその全貌を現わすには至らなかった。

例えば、和歌森太郎氏の『天皇制の歴史心理』(49)なる本によれば、「日本人は、毛並みを重んずるとか、あるいは名門意識を強く持っている点では、他の諸民族に比べてことにいちじるしいものがあり、この名門とか、あるいは貴種またはそれに準ずるようなものを決定するのは、天皇の系統にどれだけ親近性を持っているか、というその度合ではかる傾向が、近代以前には特に強かった」と述べられている。たしかに上流階級を意識する人にとって、より上級の階層に依存する傾向があることは事実であろうから、それが天皇制を維持する力の一つになっていることは否定できないであろう。しかし名門意識の高いことにおいて、日本が諸外国に比して著しく高いかといえば、必ずしもそうは言えないのではなかろうか。例えばイギリスなど、紳士意識の高いことは、多くの国民の追随を許さないものがあるように思われる。和歌森氏の論理にも、まだ十分な説得力があるとは言えないであろう。

日本の皇室が中世以後権力を失い、為政者に苛斂《かれん》誅求《ちゅうきゅう》など非難すべき悪政があった場合にも、その怨嗟《えんさ》が天皇に向かうことは稀であったという事実が、天皇制の永続に有利に作用したという事情もあったかも知れない。しかしこうした事情も諸外国に例がないこともないであろう。力のあまりない君主が必ずしも永く続くとは限らないようである。

しかしなお明治以降における小学校教育の成果は大きかったようである。各小学校に御真影が丁重に奉られ、教員も生徒もその前に最敬礼を強いられた。四大節（元旦、紀元節、天長節、明治節）には各校で、荘重な式典が行なわれ、校長が最大の敬意をもって、教育勅語を読み上げるのだった。「国史」の教育は最も重んじられ、天照大神、神武天皇、神功皇后などの事績が、あたかも歴史的事実であるかの如く、柔らかい児童の頭に注入されたのである。ただ継体天皇の業績などは全く教えられなかったように記憶している。やはり日本の歴史上、継体は危ないと考えられていたのであろうか。壬申の乱ももとより全く習わなかった。

戦後の文部省は特に建国神話の復活に熱心であった。戦後二十年にして、「国に誕生日がないのはおかしい」などと妙な理屈を付けて、紀元節を「建国の日」と名称を換え、同じ二月十一日に復活せしめたのである。「紀元は二千六百年」といえば、神武天皇は縄文時代の人となり、そうしたことはあり得ないのが明白であるにも拘わらず、こうした時代錯誤の絵空事を強行したのであった。

元来私は天皇制のイデオロギーについては関心が薄かった。『古事記』『日本書紀』などを読む人は、いつの時代でも国民の一パーセントに満たないであろうと思っていた。しかしだんだんそれなればこそ却って、小学校で偽りの歴史を教える効果は大きいかもしれぬと考えるようになった。

現在皇室に対する国民の親近感は非常に高い。おそらく天皇制の成立ならびにその永続性については、いまだ私どもの考え及ばない何らかの未知の要素が働いているのかも知れない。終戦直後、まだ天皇の戦争責任に関する議論がくすぶっていた頃においてさえ、天皇制の存続を望む声は、国民の九十パーセントに及んでいたという調査がある。

最近、天皇制の意義について、さらにその価値を高めるような報道があった。それは靖国問題に関する昭和天皇の発言メモが公表されたことである。昭和六十三年四月二十八日付けとして、元宮内庁長官故富田朝彦氏によって記録された次のような発言メモが公表された。[50]

「私は　或る時に、A級が合祀されたその上　松岡、白取《（ママ）》までもが
筑波は慎重に対処してくれたと聞いたが
松平の子の今の宮司がどう考えたのか　易々と……
松平は　平和に強い考えがあったとおもうのに　親の心子知らずと思っている
だから、私（は）あれ以来、参拝していない　それが私の心だ」

この言葉は複数の識者によって「昭和天皇の言葉に間違いない」と判断されている。

白取は元イタリア大使の白鳥氏の誤りであろう。筑波はもと靖国神社宮司の筑波藤麿氏、松平はその時の宮司の松平永芳氏、その親は元宮内庁長官の松平慶民氏である。慶民氏の父は、幕末福井藩の名君であった松平春嶽[51]で、外国人を見れば夷狄と呼んだ時代に「四海みな兄弟」との言葉を残した人である。慶民氏の平和の志は当然父春嶽から引き継いだものであろうから、「親の心、子知らず」は、「祖父の心、孫知らず」と言ってもよいくらいである。

「易々と」合祀を推進した永芳氏に、昭和天皇は怒りを爆発させているが、永芳氏も自己の信念に従ったのであろう。しかしそれが国益に叶《かな》ったことであったかどうかは疑問である。永芳氏の信念は、これも福井の人なので恥ずかしいのだが、国粋主義者として戦前から有名な平泉澄氏によって培われた。どうも右寄りの方は、一旦思いこむと、情勢の変化に顧慮することなく、まっしぐらに突き進む人が多いようである。永芳氏は、福井市立歴史博物館の館長を永く勤められたので、私も二、三度会話を交わしたこともあったが、信念の強い人のような印象を受けている。靖国神社は戦死者を祀るところだから、戦死者でないA級の人を祀る理由はないのである。それよりはむしろ一般戦災による犠牲者や、原爆の被害者を祀るべきであろう。

小泉前首相は、昭和天皇の言葉に対して、「心の問題ですから。陛下にもさまざまな思いがおありになったと思う」と語っている。これは、天皇のお心を汲んでいるように見えるが、実はそうではなく、それから間もなく八月十五日に靖国神社参拝を果たしている。これは、明治維新の勤王の志士と称する人たちが、表向きは天皇を尊崇する言辞を漏らしながら、裏では「玉《ぎょく》」と称して「どこそこへ移そう」などと平気で語り合っていたことを想起させる。

大体、一国の総理に「心」の問題などはあり得ないのだ。自分ではどう考えようと自由だが、行動は国益に叶ったことさえしていればよい。一国の首相が、国の象徴と決めた人の意向を踏みにじる行動を取っていいものだろうか。

私は年齢が少し若かったために、兵隊にはならずに済んだのだが、家は空襲で焼かれているし、艦載機に追いかけられて銃撃を受けたこともある。だから、戦争の被害を受けた中国や韓国などの人々の心の幾ばくかは判るつもりである。その人々が厭がるA級戦犯を祀った神社にわざわざ首相が参拝に出かけて、国益に叶うはずはないであろう。世論調査によっても、靖国問題は反対者の方が上回っているようである。

戦後六十年間の国民感情の動向から見て、近い将来、天皇制の改廃が問題になることはあるまい。国民多数の支持がある限り、私も天皇支持に吝かではない。しかし重要な一条件が必要なのではないかと考えている。それは、天皇が日本を戦争に導く行動を取らないという条項である。

昭和天皇が平和を愛し戦争を憎む人であったことを、今日私たちは疑わない。しかし昭和天皇は戦争を阻止することができなかった。天皇の名のもとに、戦争が宣言され、何百万の人命が失われたのである。

やや右寄りの論客と見られている岡崎久彦氏[52]は次のように言っている。

――君主というものは、ナポレオンとかアレキサンダーのような将軍帝王は例外として、戦争などして自分の国を危険な賭けの対象にしたくないから、一般的に平和主義者である。「君主は世論や国政に捉われず、長期的に国家の命運だけを心配すればよいのだから、国内政治のチェックアンドバランスの一つの要素となる」と陸奥（宗光）に説いたシュタインの思想も意味のないものではなかった。――

戦争を阻止できないような天皇制ならば、国民の生命・財産を守るための役に立たない。今後の天皇制が、国民の生命・財産を守るための盾となることを、私たちは期待している。

現在、日本の天皇制が二つの大きな問題を抱えていることは、明らかな事実である。

一つは、皇室が今後も常に男系の男子を提供し続けていけるかどうかの問題がある。

江戸時代においては、諸大名家も男系男子の相続が義務づけられていた。当時は側妾制度が公然と認められ、諸大名は跡継ぎの生産に励んだにも拘わらず、江戸時代を通じて、後嗣がないために廃藩となった大名は少なくなかった。まして側妾制度が認められない今日、都合よく男系男子が得られる確率はかなり少ないといわなければならないであろう。

今日君主制を取っている世界各国の内、女性の君主を認めていない国はむしろ少ない。男女同権の思想が浸透している現在、女性君主を認めるのが、「普通の国」といえよう。「普通の国」となることが好きな保守派の人々が、何故この場合に限って「普通」を厭がるのか。しかも女帝は日本ではすでに十例も先例があり、女系についても先蹤《しょう》はあるのである。

大伴金村が男大迹王に即位を勧めた言葉の前段に、「小泊瀬《おはつせ》天皇（武烈）崩りましぬ。元より男女《おとこおみなみこ》なくして、継嗣《みつぎ》絶ゆべし」とある。武烈に男女の王子がないので継嗣が絶えるといっているので、皇子だけを特に言ってはいない。それからみても『日本書紀』が書かれた時代に、男女平等の相続権があったことは明らかである。

第二の問題点は、すべての君主制の国に共通したことであるが、君主に適さない性格の人が出てきた場合、それに対する歯止めがあるかどうかの問題である。

わが国で第五十七代の陽成天皇は、九歳で即位したが、十五歳の時、宮中で人を殺すという事件をおこした。このときの摂政は藤原基経であったが、断固として陽成に退位を迫り、遂に天皇を廃して光孝天皇を立てた。

その後、陽成上皇は長生きしているから、多分精神病ではなかったであろう。こうした場合、基経の処置が正しかったかどうかは問題である。臣子の身として、天皇を改廃する前例を作ったのであるから、問題視されて当然であるが、藤原氏全盛の時代であったから、不問に付された。現代ならば、かなり大きな問題となるであろう。精神病ならば、当然退位の議題になるであろうが、精神病ではなく、性格異常の程度であればさらにむずかしいことになる。

近年、問題となったのは、大正天皇のケースである。ある式典での大正天皇の挙動におかしな点があったとして、一部で問題になり、結局、当時の皇太子、後の昭和天皇が摂政として国事を代行し、約五年ほどで、大正天皇崩御により決着を見た。この場合は、幸いにして成人に達していた息子があったために、あまり大きな問題にならずにすんだが、あるいは内分泌器官に疾患があったのかも知れず、あるいは天皇としていささかリベラルすぎた性格にすぎなかったのかも知れない(53)。

誰にでも人には当然適性というものがあり、象徴としての天皇に適した人とそうでない人とがあるはずであるが、たとえ本人から申し出があったとしても、事前にそれをチェックすることはむずかしかろう。しかしいろいろの場合を想定して、対応できる規定をあらかじめ作っておくことは必要なのではないかと思われる。それは君主国にとって、宿命的なものかも知れないと考えられる。

終　章　愛国心について

最近の政府は、教育基本法の改正、特に愛国心の高揚をなんらかの形で法案に盛り込むことに熱心なように見える。

愛国心は、小泉前首相の得意の言葉を借りれば、あくまでも「心」の問題であろう。あえて法律の条文に織り込むにはなじまない。

それはこの国に普通に育った日本人なら、誰しも自然に持っているはずの感情である。それが近年著しく薄くなって来ていると取りざたされるのは、どういうわけなのであろうか。

それは国が愛されるに値しないようになってきていることの現われではないだろうか。毎日の新聞にくり返して報道される公務員の汚職や青少年犯罪の多発、乳幼児に対する虐待や殺害、そうした記事の氾濫に飽きてしまった人々の愛国心が低下しているとしても、不思議ではないかも知れない。学校教育のみにおいてモラルの低下をくいとめようとしても、無理な話ではないかと思われる。

愛国心教育に熱心であるように見える韓国や中国においても、ＤＮＡ捏造《ねつぞう》のような大きな事件や、汚職や犯罪の増加が報じられているし、それは世界的な傾向なのかも知れない。私には、愛国心と国家主義を結びつけようとする教育が、却って愛国心の低下を招いているような気がする。真の意味で理性を重んじる教育が進まなければ、本当の愛国心は育たないのではないか。

韓国や中国との間には、竹島（独島）問題や尖閣諸島の問題があるが、こうした歴史的な問題については、両国の学者が新聞紙上などで十分討議の上、科学的根拠に基づいて理性的な判断を下ろしたらよいと思われる。領土問題で決裂するなどは十九世紀の社会である。

最近の新聞報道で、愛国心を持っていると思う人ほど、中国や韓国の重視する歴史認識に対する理解が深いと報じられたが、こうした事実こそ、愛国心の問題にも重要な示唆を投げかけていると思われる。

人は感情の動物であるとしても、これだけ科学技術の発達した世の中にあって、もっと理性的に行動することはできるはずである。九月六日の悠仁殿下の誕生に際してのマスコミの過熱ぶりや、国民の反応は、たしかに度を越していたと思われる。やはり皇太子一家の心情にも、もっと配慮すべきではなかったか。

およそ他人の心を思いやる心は、人間だけに与えられた特権ではないかも知れないが、人間の進化がもたらした人類の特徴の一つと言ってもよいであろう。ところが今の日本人は比較的この心に乏しいように思われる。

日本の政治はあまり人にやさしくないと前から思っていたが、この四、五年その傾向が一層顕著になってきた。しかも老人とか、障害者とか、被介護者とか、弱者に対してことに当たりがきつい。

老人保健の被保健者負担は、従来一割負担であったものが、昨年八月に二割になり、十月に三割となった。こうした急激な増額によって、老人の中には負担に堪えきれないとして、医療をやめるものが少なくないという。

障害者の自立を助けるための法律が改正されて、障害者の自己負担が増えたために、却って障害者から仕事を奪う状態になっているといわれる。

医師の研修制度の改正によって、全国ことに東北の小都市などでは、極端な医者不足になってきて、産婦人科や小児科などでは、休診に追い込まれている病院が少なくないという。

これらの諸例でも判るように、役人が実状を知らないで、不用意に法律の改正に乗り出した結果、著しい不都合を生じている場合が多い。これなどは改正というより改悪といった方がよい。

医療制度の改正も度々言い出されたが、一方的に増え続けて三十兆円を越えた医療費を誰が負担するかの議論ばかりで、たいていは患者の負担分が増え、一向に根本的解決にならない。医療費を減少せしめるには、予防医学に対する予算を増やす以外に方法がないのであるが、そうしたことに頭を廻らそうとはしない。

水俣病の被害者に対する補償にしても、基準を厳しくして対象者を減らそうとばかりしているから、度々の訴訟においても国側の敗訴が続いている。しかもすでに高齢者ばかりとなっている原告に控訴しようとしているのには、驚くほかはない。

エイズ対策の時もそうだったが、アスベスト対策においても後手後手の連続でこれほど被害を大きくしてしまった。アスベストの有害性は十数年前から判っていたのに、拱手傍観していたのだから厚生官僚の罪は重い。

しかもこうした官僚の失態に関して、だれも責任を取るものがいないというのも、不思議な現象である。このような無責任体制というのは、江戸時代よりも悪い。江戸時代には、自分が奉行として作った堤防が決壊したりしたら、腹を切った武士もあった。今は切腹せよとまでは言わぬ。せめてその職を辞したらよいと思うのだが。

厚生労働省ばかりではない。文化庁もまた然りである。高松塚の壁画が発見されたとき、国民に見せずに保存しようと建議した怪しからぬ役人がいた。文化財というものは、国民に公開してこそ価値があるものである。国民の眼から遮断しても、一旦あけた古墳を完全に密閉することは至難の業である。すでに黴《かび》の胞子や細菌は入り込んでいたはずで、それを完全に消毒することは不可能に近い。毎日少数の人に見せて行った方が、観察の眼も行き届くし、黴の害が出てきた時に、もっと早く対策を講ずることもできたであろう。最近の高松塚の写真を新聞で見たが、全く眼も当てられない惨状である。おそらく壁画の再生は望めないであろう。国民の眼を覆ったまま、国宝を破壊した罪は重い。

役人の悪口を連ねたが、厚生労働省といい、文化庁といい、多分、予算の配分の乏しい部署であるようだ。おそらく政府のトップの意思が色濃く反映しているのだろう。もう少し人の心に思いやる政治、人が人に優しくする政治に切り替えて頂ければ、日本もよほど変わってくると思われる。そうすれば、人が人に優しく接してきた昔の日本に戻るのではあるまいか。それが最も確実な愛国心涵養の捷径なのではないかと考える。

ジャン・ジャック・ルソーは名著『エミール』の中で、「子供に最初に教えるべきことは、他人に害を及ぼすようなことはしてはいけないと仕込むことだ」と言っているが、合理的な考えと思われる。人に害を与えていれば、自分が害を受けたとき抗議することもできない。人に害を与えないように努めていれば、自然に人に対して優しくなるであろう。隣人に優しく接することができる人ならば、隣国の人に対しても優しく接することができるようになるであろう。それが真の愛国心というものである。

それとともに、日本文化の伝統に思いを廻らすことも必要である。天皇制だけが日本文化の源泉なのではない。日本文化を顧みて、余白を重んじることが、最大の特徴ではないかと私は考えている。

余白を重んじることとは、宋の南宗画の影響を受けていると思うのであるが、日本に伝わってからは、本国にまさる発展を遂げた。それが文芸にも反映して、俳句・短歌の短詩形文学が大いに発達した。「言い果して何かある」という芭蕉の言葉は、短詩形文学の本質を射抜いているように思われる。言い果せぬところに、余情を重んじる日本文化の神髄が隠されているように感じられる。

伝統的な日本文化の特質としてはもう一つ、曖昧さが挙げられよう。日本人の言うことはわかりにくいと、よく外国人に言われる。イエスかノーかはっきりしない、何を言っているのか真意が汲み取りにくいと言われ、ジャパニーズ・スマイルという芳しからぬ用語さえ作られている。これは日本人が外国人との応接に慣れていないことから来る短所かもしれないのだが、単一民族に近い日本人が、周囲の人の気を損ねることを懼れる気遣いから生じた、止むを得ない風習とも考えられるのである。こうした習慣は必ずしもプラスの方向に作用するとは限らないものであるが、やはり横山大観や菱田春草の朦朧体《もうろうたい》の絵画のように、保存すべき日本人の文化の一つであろう。

「和を以て貴しとす」とは、継体の曾孫聖徳太子の言葉である。「忤《さか》ふことなきを宗《むね》とせよ」とも説いた。ほとんど単一民族の日本人は、多少朦朧体の言葉であろうとも、他人に逆らうことを悪とした。曖昧な微笑に包まれた日本人に真の革命は向かなかったようである。

写真30　継体天皇の石像

　このような日本文化の特質は、日本人が生きていくために、やはり必要なものなのではないかと思う。明治維新以前の日本は、世界の多くの国から全く知られることなく、ひっそりと暮らしてきた。その日本が、明治以後、少しく膨張し過ぎたように思われる。明治以前の日本のように慎ましく、かつ誠実に生きていけたらよいと考えるものである。

福井市の足羽山の頂に、継体天皇の石像が建っている。明治十六年に足羽山の石工たちの奉仕によって造られたものである。弓杖《ゆんずえ》一本手にしただけの温和な老人の姿に描かれている。五、六世紀の古墳には、武器武具の副葬が多く、この時代が戦乱の世であったことを語っている。継体自身もおそらく武器を持って戦ったこともあったであろう。しかしそれにも拘わらず、継体を平和な老人の姿に作った明治の民衆の心を、私は尊重しなければならないと思っている。福井県の方でこの像を知らない方はあまり多くないと思われるが、県外の方でこの像をご存知ない方は、一度は見て頂きたいものと思う。そして民衆の平和への思いを汲み取って頂けたら幸いと考えている。

注

(1) 水野祐『増訂日本古代王朝史論序説』小宮山書店、一九五二年
(2) 白崎昭一郎『継体天皇の研究』福井県郷土誌懇談会、一九七二年
(3) 白崎昭一郎『越前若狭の古代史』福井県郷土誌懇談会、一九八〇年
(4) 『福井県史　通史編1・原始古代』福井県、一九九三年
(5) 『福井市史　通史編1・古代中世』福井市、一九九七年
(6) 白崎昭一郎『東アジアの中の邪馬臺国』芙蓉書房、一九七八年
(7) 近藤義郎『前方後円墳と吉備・大和』吉備人出版、二〇〇一年
(8) 埴原和郎「骨から古代人を推理する」『日本の古代5』中央公論社、一九八六年
(9) 埴原和郎"Estunation of Early Migrants to Japan" Journal of the anthrol pologrical Society of Nipon Vol95 No3, 1987
(10) 白崎昭一郎「古代渡来者の数 日本人口論1」『古代日本海文化』一四、一九八八年
(11) 白崎昭一郎「坂井県と三国命」『古代日本海文化』五、一九八六年
(12) 『近江国高島郡水尾村の古墳』京都大学文学部考古学研究報告、一九二三年
(13) 岡田精司「継体天皇の出自とその背景」『日本史研究』一二八、一九七二年
(14) 大橋信弥『日本古代国家の成立と息長氏』吉川弘文館、一九八四年
(15) 岸俊男「三国港と東大寺荘園」『三国町史』一九六四年
(16) 米沢康「三尾君氏に関する一考察」『北陸古代の政治と社会』法政大学出版局、一九八九年

(17) 佐伯有清『日本古代の政治と社会』吉川弘文館、一九七〇年
(18) 杉原丈夫「継体天皇出自考」『古代日本海文化』五号、一九八六年
(19) 水谷千秋『継体天皇と古代の王権』和泉書院、一九九九年
(20) 水谷千秋『謎の大王　継体天皇』文芸春秋社、二〇〇一年
(21) (5) に同じ 中司照世氏執筆部分
(22) 『釈日本紀』の中に、越前・越中・越後を三つの国と呼んだ表現がある。
(23) 山尾幸久『日本古代王権形成史論』岩波書店、一九八三年の中に、「命」は「令」と読むべしとの議論があるが、高見に服しがたい。『風土記』の用例とは用法を異にしている如く思われる。
(24) 前川明久「継体天皇の周辺」『日本古代の社会と政治』吉川弘文館、一九九五年
(25) 窪田蔵郎『鉄の考古学』雄山閣、一九七三年
(26) 加越たたら研究会『古代の製鉄遺跡』一九九九年
(27) 山尾幸久『日本古代王権形成史論』岩波書店、一九八三年
(28) 森浩一『古墳から伽藍へ』中央公論社、一九九〇年
(29) 網野善彦・門脇禎二・森浩一『継体大王と尾張の目子媛』国書印刷ＫＫ、一九九四年
(30) 直木孝次郎「継体朝の動乱と神武伝説」『日本古代国家の構造』青木書店、一九五八年
(31) 北郷美保「顕宗・仁賢即位伝承雑考」『日本古代史論考』吉川弘文館、一九八〇年
(32) 山尾幸久『古代の日朝関係』塙書房、一九八九年

(33)笠井倭人『古代の日朝関係と日本書紀』吉川弘文館、二〇〇〇年
(34)田中俊明『大加耶連盟の興亡と「任那」』吉川弘文館、一九九四年
(35)山尾幸久『日本古代の国家形成』大和書房、一九八六年
(36)山尾幸久『筑紫君磐井の戦争』新日本出版社、一九九九年
(37)板楠和子「乱後の九州と大和政権」『磐井の乱』吉川弘文館、一九九一年
(38)喜田貞吉「継体以下三天皇の皇位継承に関する疑問」『歴史地理』五二―一、一九二八年
(39)平子鐸嶺「継体以下三皇紀の錯簡を弁ず」『史学雑誌』一六―六、一九〇五年
(40)林屋辰三郎『古代国家の解体』東大出版会、一九五五年
(41)三品彰英「継体紀の諸問題」『日本書紀研究』第二冊、塙書房、一九六五年
(42)藤間生大「いわゆる『継体・欽明朝の内乱』の政治的基盤」『大和王権』有精堂、一九七三年
(43)高槻市教育委員会編『継体天皇と今城塚古墳』吉川弘文館、一九九七年
(44)文化庁編『発掘された日本列島・新発見考古速報』朝日新聞社、二〇〇六年
(45)伊藤循「筑紫と武蔵の反乱」『継体・欽明朝と仏教伝来』吉川弘文館、一九九九年
(46)山尾幸久「継体大王論の論点」『継体大王と越の国』福井新聞社、一九九八年
(47)直木孝次郎『日本神話と古代国家』講談社学術文庫、一九九〇年
(48)今谷明『象徴天皇の発見』文芸春秋社、一九九九年
(49)和歌森太郎『天皇制の歴史心理』弘文堂、一九七三年
(50)「昭和天皇靖国メモ未公開部分の核心」『文芸春秋』二〇〇六年五月号

(51) 白崎昭一郎『正伝松平春嶽』東京新聞出版局、二〇〇二年
(52) 岡崎久彦『陸奥宗光とその時代』ＰＨＰ研究所、一九九九年
(53) 篠田達明『歴代天皇のカルテ』新潮社、二〇〇六年

〈カバー写真〉
表：福井市足羽山頂に建つ継体天皇の石像
裏：福井県永平寺町二本松山古墳出土の銀鍍冠（東博蔵、韓国池山洞三二号墳出土冠と酷似）
袖：大阪府枚方市樟葉宮址、京都府京田辺市筒城宮址
（いずれも著者撮影）

あとがき

ようやくにして『継体天皇の実像』を脱稿することができた。四十年来の宿題をやっと果したという気持である。

中年にして福井県史・古代史部会の副部会長を勤めさせて頂き、岸俊男・門脇禎二両部会長の薫陶を受け、また直木孝次郎・佐伯有清・上田正昭・森浩一・山尾幸久氏ら碩学の謦咳《けいがい》に接する機会を得て、歴史の本質に触れさせて頂いたことは、私にとって至上の幸いであった。そうした機縁なくしては、おそらくこの書も成らなかったであろう。

継体天皇の出目や業績については、本文でも述べたように今なお多くの説があって、未解決の部分も少なくない。しかしそれらを客観的に整理していくならば、「新王朝の創始者」という観点を脱却することはむずかしいと結論せざるを得ない。

それとともに、継体によって礎を据えられた天皇制が、千五百年の風霜を凌いで、今なお存続しているという事実を承認、脱帽しなければならないであろう。

それゆえ、終りの三章は継体天皇の評伝としてはいささか逸脱しているきらいがないとも言えないと思いつつも、それを断念することはできなかった。

それは「昭和は遠くなりにけり」と感じる一老人の感傷に由るのかも知れないが、継体の生涯を通じて、天皇制の現在と将来について、出来るだけ多くの方に考えて頂きたいという思いを振り切れなかったためでもあった。それは天皇の名のもとに戦争に仆れていった数多の私より若干年上の方々に対する、ささやかなお詫びの心でもあるのである。

なお貴重な啓発を受けた多くの先学諸兄に、またお世話になった雄山閣の方々、特に宮島了誠氏に対し、深甚の謝意を捧げる。

白崎　昭一郎

二〇〇七年二月

【著者略歴】

白崎昭一郎（しらさき・しょういちろう）

昭和２年（1927）東京に生まれる。昭和25年、京都大学医学部卒業。開業医、福井保健所長、福井工業大学教授を歴任。また『福井県史』古代史部会の副部会長もつとめた。

主な著書。『「明石人」と直良信夫』（雄山閣）、『埋もれた王国』（大和書房）、『東アジアの中の邪馬臺国』（芙蓉書房）、『橋本左内』（毎日新聞社）、『広開土王碑文の研究』『山川登美子と明治歌壇』『森鷗外—もう一つの実像』（以上吉川弘文館）、『正伝松平春嶽』（東京新聞出版局）など。

現住所　福井市月見３丁目７－８

継体天皇《けいたいてんのう》の実像《じつぞう》

2007年３月10日印刷
2007年３月20日発行

著　者　白崎昭一郎
発行者　宮田哲男
発行所　株式会社　雄山閣
〒102-0071　東京都千代田区富士見2－6－9
電話：03（3262）3231　振替：00130－5－1685
組　版　株式会社 富士デザイン
印　刷　新日本印刷株式会社
製　本　協栄製本株式会社

 ISBN978-4-639-01964-0